Être soi sans culpabiliser

Dans la même collection :

- *Examens : en forme le jour J*, Jean-Marc Bayle
- *Réfléchir vite et bien*, Edward de Bono
- *Mieux vivre avec l'analyse transactionnelle*, Alain Cardon
- *Sortir des conflits avec les autres*, Christophe Carré
- *La PNL*, Catherine Cudicio
- *Avoir une sexualité épanouie*, Catherine Cudicio
- *Le coaching pour mieux vivre*, Catherine Cudicio
- *Mieux connaître sa personnalité*, Jean-François Decker
- *Petit guide de la retraite heureuse*, Marie-Paule Dessaint
- *Savoir et oser dire Non*, Sarah Famery
- *Arrêter de culpabiliser*, Sarah Famery
- *Avoir confiance en soi*, Sarah Famery
- *Se libérer de ses peurs*, Sarah Famery
- *Proverbes psy pour mieux vivre*, Ysidro Fernandez
- *Slow down*, John Hapax
- *Mieux vivre avec ses émotions*, Didier Hauvette
- *Découvrir la musicothérapie*, Edith Lecourt
- *Oser s'exprimer*, Guyette Lyr
- *Couple : où en êtes-vous ?*, Catherine Olivier
- *Manipulation : ne vous laissez plus faire !*, Jacques Regard
- *Comprendre la crise d'adolescence*, Françoise Rougeul
- *La psychogénéalogie expliquée à tous*, Isabelle de Roux et Karine Segart
- *Les troubles du comportement alimentaire*, Laëtitia Sirolli

Sarah Famery

Être soi sans culpabiliser

Troisième édition

EYROLLES

Éditions Eyrolles
61, Bd Saint-Germain
75240 Paris Cedex 05
www.editions-eyrolles.com

Mise en pages : Istria

ISBN 978-2-212-53995-0

Sommaire

Introduction

Bonne et mauvaise culpabilité

Il semble difficile d'imaginer les relations humaines et une vie en société sans conscience, sans scrupule, sans moralité, sans regard ni jugement porté sur ses propres comportements.

De fait, nous avons en tant qu'être humain la faculté d'évaluer la nature de nos actes et de nos propos, de scruter les intentions qui y président et de réfléchir à leurs conséquences sur autrui ; c'est d'ailleurs cette faculté qui nous permet de progresser, d'évoluer et d'être responsable de nos choix.

Si cette conscience de soi conduit ainsi tout un chacun à « culpabiliser », certaines personnes culpabilisent toutefois plus que d'autres.

En effet, si nous éprouvons tous couramment des scrupules, des remords, si nous avons parfois « mauvaise conscience », il existe une différence de taille entre être conscient de ses devoirs, savoir et reconnaître que l'on aurait pu ou dû se comporter autrement et s'accuser soi-même, se faire des reproches, se sentir en permanence en faute.

Dans un cas le sujet progresse, évolue, agit, construit des relations positives ; dans l'autre, au-delà de tourments plus ou moins vifs, il tourne en rond, ressasse, a toutes les chances de répéter les mêmes comportements ; pire, il peut s'autodétruire, en s'empêchant d'être heureux, de réussir, bref d'être lui-même.

En ce sens il existe une bonne et une mauvaise culpabilité ; l'une saine, qui permet d'avancer, de réparer ses erreurs, de réguler certaines pulsions destructrices ; l'autre malsaine, qui infantilise, torture, fait perdre ses moyens, demeure stérile et empêche au final de prendre ses responsabilités et de donner le meilleur de soi.

Je culpabilise, tu culpabilises, nous culpabilisons

S'il ne se manifeste pas chez tout le monde avec la même intensité, ni pour les mêmes raisons, ni dans les mêmes circonstances, le sentiment de culpabilité semble bien être le lot de la plupart d'entre nous et malheureusement une émotion largement répandue : Marie culpabilise de n'avoir pas été assez disponible pour ses parents lors de leur dernière visite, Xavier de ne pas avoir fait l'effort de prendre sa voiture pour raccompagner Nicolas, Luc d'avoir commis une maladresse, Sandrine de ne pas avoir bouclé ses dossiers avant de partir, Raoul d'avoir refusé une mission, Bernard de ne pas voir son fils davantage, Yves de ne pas réussir à s'engager, Noémie de ne pas aller voir sa mère plus souvent, Isabelle de ne pas épauler assez son mari, Sylvie d'avoir divorcé et placé son fils en pension, etc. Il est même fréquent de culpabiliser de se culpabiliser !...

Pire, un certain nombre de personnes éprouve un très fort sentiment de culpabilité sans même en avoir conscience : une anxiété constante, des échecs à répétition, une forte insatisfaction quant à sa propre vie, une incapacité à se faire plaisir ou à suivre son « désir » sont souvent les signes d'une culpabilité profonde.

Anodines ou existentielles, les situations dans lesquelles on réussit à culpabiliser sont très nombreuses et varient à l'infini. Les raisons peuvent d'ailleurs en être opposées ; les uns se culpabilisent de travailler trop quand d'autres se culpabilisent de ne pas travailler assez, certains se sentent coupables d'être ambitieux, certains de ne pas l'être suffisamment, d'autres d'échouer, d'autres de trop bien réussir...

Des origines multiples

Les facteurs à l'origine du sentiment de culpabilité sont multiples, c'est pourquoi culpabiliser est un phénomène aussi courant.

Il y a d'abord l'histoire individuelle, familiale, l'éducation, la personnalité des parents, l'image que nous avons de nous et/ou celle que nous aimerions donner, une forte exigence parfois à l'égard de nous-mêmes. Il y a le bain de culture occidentale et judéo-chrétienne, la force des normes et des modèles dominants auxquels nous cherchons toujours plus ou moins à nous conformer. Il y a, enfin, l'influence négative de personnes ou de milieux particulièrement culpabilisants et infantilisants. Telles sont les raisons plus ou moins profondes et plus ou moins anciennes de nourrir un sentiment de culpabilité.

Responsable plus que « coupable »

Si la « bonne » culpabilité, c'est-à-dire une responsabilité tant vis-à-vis de soi que vis-à-vis des autres ne peut que faire grandir, le sentiment de culpabilité, quant à lui, est stérile, négatif, voire autodestructeur aussi bien pour soi que pour son environnement.

Heureusement, chaque individu nourrit au fond de lui le désir de grandir, de s'épanouir, d'être lui-même et si son sentiment de culpabilité est tenace, il décide la plupart du temps tôt ou tard de s'interroger et de sortir de ce qui peut devenir un véritable enfer.

Aussi, plus le sujet réussit à cerner la nature, l'origine, le degré de sa culpabilité, autrement dit plus il identifie et prend conscience de ce qui se joue pour lui, plus il met des mots sur ses blessures et sur ses peurs, et plus il défait les nœuds qui le maintenaient prisonnier. De fait, un retour sur soi, quelle que soit son ampleur, s'avère incontournable si l'on veut vivre plus libre, oser s'affirmer, être davantage soi-même.

Première partie

La « culpabilité » dans tous ses états

Si la culpabilité est inscrite dans nos gènes[1], elle est aussi éminemment culturelle dans la mesure où toute société édicte ses règles, ses lois, véhicule sa notion du bien et du mal, avec pour corollaire l'inévitable peur du gendarme. Ainsi peu d'individus échappent au sentiment de culpabilité.

Toutefois, entre la culpabilité profonde qui peut être à l'origine de graves conduites d'échec ou de véritables obsessions – par exemple sur son physique ou ses compétences – et un sentiment de culpabilité passager, toutes les nuances existent.

Il est donc important de pouvoir repérer – d'autant que la culpabilité n'est pas toujours consciente – jusqu'où l'on est atteint, de savoir identifier, lorsque l'on a mauvaise conscience, s'il s'agit de culpabilité ou d'un simple scrupule. Le terme est devenu tellement courant que nous confondons souvent culpabilisation et remise en cause, culpabilité et mauvaise conscience.

De même est-il essentiel de distinguer culpabilité saine et culpabilité malsaine, sans quoi nous risquons de penser culpabiliser quand nous prenons nos responsabilités et, inversement, de penser prendre nos responsabilités alors que nous ne faisons que culpabiliser.

Quelle qu'en soit l'intensité, éprouver un sentiment de culpabilité relève d'un processus bien précis lié à la notion de faute et à la crainte d'une sanction, d'une punition ; tout dépend ensuite de la « faute » que l'individu pense avoir commise.

1. Selon les neurologues, la culpabilité est traitée par l'amygdale, région du cerveau limbique, centre de contrôle des émotions et siège de la mémoire affective.

Chapitre I

Les différents degrés de culpabilité

Dans la mesure où peu d'individus échappent au sentiment de culpabilité, il faut d'abord se demander jusqu'où l'on est « atteint », jusqu'où notre culpabilité est « normale » et où elle devient pathologique.

Entre la mauvaise conscience qui survient de temps à autre chez chacun d'entre nous, la tendance à culpabiliser en permanence et la culpabilité profonde qui – surtout si elle est inconsciente – fait le plus de dégâts, il y a des mondes.

En effet, si le sentiment de culpabilité est toujours lié à la notion de « faute », il n'y a pas de commune mesure entre se « culpabiliser » ponctuellement – ce qui arrive à tout le monde –, se culpabiliser de manière fréquente et récurrente, se culpabiliser en permanence pour tout, pour un oui, pour un non, voire s'empêcher de vivre, en tout cas de s'affirmer.

De l'intensité du sentiment de culpabilité, de sa fréquence, de sa durée, de sa permanence, de sa récurrence mais aussi de son objet et de ses conséquences sur la manière de mener sa propre vie, dépend le degré de culpabilité.

Par ailleurs, il est important d'être conscient de sa culpabilité ; quand l'individu n'en a pas conscience, c'est là qu'elle fait le plus de ravages.

Culpabilisation normale ou pathologique ?

Si se culpabiliser est un sentiment humain et s'il arrive à tout un chacun d'avoir mauvaise conscience (quand nous sommes en situation d'échec, quand nous n'avons pas été à la hauteur d'une situation, quand des reproches mérités nous sont adressés...), à l'inverse, culpabiliser de manière récurrente – vis-à-vis de sa mère, de son fils, de son patron, d'être arrivé en avance, en retard, d'avoir relancé, de ne pas avoir relancé – ou bien encore éprouver toujours le sentiment d'être en cause – quand un proche connaît une difficulté, quand quelqu'un fait la tête – cache un sentiment plus ancré de culpabilité.

De fait, plus la culpabilisation est fréquente et/ou disproportionnée par rapport à la situation objective, plus le sujet vit dans un état de culpabilité[1]. De même, des obsessions – être trop faible, indécis, ne pas avoir la volonté d'arrêter de fumer, de faire un régime, de changer de travail, manquer de motivation, avoir mauvais caractère...– cachent souvent une culpabilité plus profonde. C'est parfois de choses plus conséquentes dont, en réalité, l'individu se sent coupable : ne pas avoir été à la hauteur des attentes de ses parents, avoir survécu au décès d'un frère ou d'une sœur, avoir provoqué le divorce de ses parents...

Ainsi, beaucoup de sentiments de culpabilité servent de masque, d'écran à une culpabilité plus impénétrable.

Culpabilité et culpabilisation

Comment faire la différence entre la culpabilisation « simple », « normale » et la culpabilité « pathologique » ? « Culpabiliser » signifie qu'une personne, une situation donnent au sujet, à un moment précis, l'impression d'être coupable, ou qu'il se donne ponctuellement à lui-même cette impression.

La culpabilité, c'est avoir (même inconsciemment) au fond de soi – quoi qu'il se passe – le sentiment ou plutôt la certitude d'être coupable, c'est se penser coupable, se présenter, se déclarer aux autres, se sanctionner comme tel et être en quelque sorte en état de culpabilisation permanente. Il s'agit d'un sentiment beaucoup plus fort, plus profond, plus handicapant aussi, que la culpabilisation *stricto sensu* dont il est d'ailleurs souvent à l'origine.

Il est évident que plus la culpabilité est forte, plus le sujet a déjà en lui le sentiment d'être coupable, plus les autres sont en mesure de le lui

1. « Culpabilité : état morbide plus ou moins accentué où le sujet se croit à tort coupable de certaines fautes », Larousse.

donner, plus il se le donne régulièrement à lui-même, en d'autres termes plus il a tendance à culpabiliser ou à se laisser culpabiliser.

Pour aider le sujet à prendre du recul quand il a la certitude d'être coupable, il peut être bon de lui faire réaliser que ce sentiment de culpabilité – si l'on prend en compte qu'il ne correspond à rien du point de vue juridique –, lui a été donné dans l'enfance, par le passé, de manière absolue et radicale, en d'autres termes qu'il n'est pas coupable.

Coupable né

Les parents de Yvan ont émigré en France, il avait alors 2 ans. Dès sa petite enfance, sa mère par nature déjà plutôt rigide et autoritaire a particulièrement eu à cœur de voir son fils s'intégrer, ne pas poser de problème et surtout ne pas se faire remarquer.

Yvan en tire la conclusion qu'il doit absolument obéir à sa mère qui, d'une certaine façon, lui fait peur, mais aussi qu'il ne doit en aucun cas se montrer tel qu'il est au risque de déplaire et de ne pas convenir aux autres ; et cela d'autant plus que, ses parents étant très jeunes à sa naissance, sa mère n'a eu de cesse, même si elle l'aimait, de lui faire remarquer qu'il était arrivé beaucoup trop tôt.

Plein de vie, de fantaisie, avec une personnalité très marquée, Yvan prend l'habitude de tout faire en cachette, notamment de sa mère, en se sentant en permanence coupable de mentir, de ne pas obéir, de ne pas être celui qu'elle lui demande d'être.

Aujourd'hui, tout a réussi à Yvan : bel homme, avec beaucoup de qualités humaines et intellectuelles, il est marié, père de trois enfants, consultant informatique, profession qui l'intéresse énormément et dans laquelle il est très reconnu.

Pourtant Yvan ne cesse de culpabiliser malgré ses réussites et les preuves d'affection et d'estime dont il est entouré. Il a toujours le sentiment d'être un médiocre professionnel, un mari inattentif, presque volage, et un père pas assez proche de ses enfants. Il doute en permanence de ce qu'il a fait, dit ou pensé, il craint d'avoir déplu. Il se juge égoïste, instable, a toujours le sentiment de préparer insuffisamment ses dossiers, de ne pas savoir mener sa carrière, de ne pas savoir s'imposer, ce qu'objectivement les faits démentent.

Quoi qu'il fasse, il se reproche sans cesse quelque chose, il n'est jamais en paix. C'est toujours à la fois la crainte et la sensation intégrées, lorsqu'il était enfant, de ne jamais être ni faire ce que l'on attend de lui qui, en réalité, le tourmentent.

Premiers repères

Culpabilisation ⟶	**Culpabilité** + +
Gêne, malaise, tension	Angoisse
Pensée négative	Obsession
Jugement sur soi ponctuel	Jugement sur soi permanent
Perte de temps, d'énergie	Blocage, inhibition
Réaction inadaptée	Conduite d'échec

Honte et culpabilité

La culpabilité comme la honte sont des émotions sociales, c'est-à-dire que leur objet est double : « la personne qui en est la cible, en l'occurrence soi-même, et le comportement ou trait de caractère sur lequel porte l'évaluation[1] ».

Assez proches dans la mesure où elles peuvent être les deux faces de la même médaille, la culpabilité et la honte sont au demeurant distinctes.

La culpabilité intervient surtout à travers le regard que l'individu porte sur lui-même. La honte intervient à travers le regard que l'individu pense que les autres ont ou peuvent avoir sur lui.

En ce sens « elle est la version sociale de la culpabilité. Nous n'éprouvons jamais de honte lorsque nous sommes seul, face à nous-même. La honte est un sentiment qui est toujours vécu – devant – les autres, à cause de leur jugement réel ou virtuel[2] ».

Ainsi l'individu peut se sentir coupable sans éprouver de honte. La honte existe plus rarement sans une forme de culpabilité.

1. Elisabeth Pacherie, *L'empathie*, ouvrage collectif sous la dir. de A. Berthoz et G. Jorland, Odile Jacob, 2004, p. 155.
2. Michelle Larivey, *La puissance des émotions*, Les Éditions de l'Homme, Canada, 2002, p. 127.

« Fausse » culpabilité ou culpabilité de dissimulation

La fausse culpabilité relève d'une gêne, d'un malaise certes teinté de mauvaise conscience mais masque souvent d'autres émotions ; par exemple la colère d'avoir à faire un choix, la peur de décevoir, d'être jugé, la tristesse de ne pas pouvoir faire plaisir.

Elle sert souvent à ne pas assumer vraiment ses actes, à se donner bonne conscience et à contrôler la réaction de l'autre dont on pense qu'il nous en voudra *a priori* moins si on lui dit que l'on se sent coupable de ne pas accéder à son désir.

Il s'agit d'une manière de « déguiser mon expérience pour la rendre plus acceptable aux yeux des autres, et même aux miens. Elle est un refus masqué d'assumer mes désirs, mes sentiments, mes choix, mes actes, voire mes pensées ou mes fantasmes[1] ».

Culpabilité consciente et inconsciente

Refoulement et culpabilité

Quand le sujet éprouve une forte culpabilité, contrairement à ce que l'on pourrait penser, il n'en est pas toujours conscient, d'abord parce que l'origine en est ancienne, mais surtout parce qu'il a tendance à refouler, d'une part, la douleur des souvenirs qui lui sont associés et dont il se croit en partie responsable – séparation, désunion, maladie, accident, rejet –, d'autre part, les interdits qu'il pense avoir transgressés – désirer sexuellement son père, sa mère, sa sœur ou ne pas les avoir aimés... – et qui génèrent une angoisse d'éventuelles sanctions.

De fait, prendre conscience de sa culpabilité, c'est se souvenir de la souffrance qui en est à l'origine et/ou se confronter à l'angoisse liée à la crainte très vive d'une sanction que le sujet imagine terrible.

De la culpabilité inconsciente à l'autodestruction

Si la culpabilité a toujours des conséquences négatives pour l'individu, elle fait d'autant plus de dégâts qu'elle est inconsciente. Non seulement le sujet a tendance à se tourmenter énormément mais, dans la plupart des cas, il développe une conduite d'échec et une attitude masochiste puisque, se pensant coupable, il considère devoir « payer ».

1. *Ibid.*, p. 115.

S'il y a « faute », il doit en effet y avoir châtiment, ce qui conduit souvent l'individu à des attitudes autodestructrices : ne pas choisir sa voie, ne pas réussir ses examens, ne pas rencontrer le « bon » partenaire, se faire « payer » émotionnellement en se mettant dans des relations difficiles, ou bien financièrement en se mettant dans la posture d'avoir à payer au sens propre du terme et de manière outrancière pour un compagnon, un enfant, un parent, un ami...

L'individu se rend d'autant moins compte, en tous cas dans un premier temps, de sa culpabilité latente qu'il vit son « sacrifice » ou le fait de se faire du souci, de prendre les autres en charge, d'assumer les choses à leur place, d'être à leur service, comme quelque chose de tout à fait normal, naturel et dont il peut même tirer une sorte de fierté.

Au-delà des conduites d'échec et des comportements masochistes, la culpabilité, *a fortiori* si elle reste inconsciente, s'exprime essentiellement à travers un état d'angoisse, un sentiment incompréhensible et permanent d'insuffisance que, la plupart du temps – du moins au début – l'individu n'identifie pas comme tel.

Je ne comprends plus rien

Sonia a beaucoup d'atouts pour réussir, pourtant elle vit depuis déjà plusieurs années dans un état d'angoisse permanent.

Elle ne comprend pas pourquoi, à trente-quatre ans, elle vient de rompre avec son compagnon auquel elle est manifestement encore très attachée, pourquoi ses relations avec ses amis sont si difficiles, anxiogènes, pourquoi elle s'épanouit si peu dans son travail – elle occupe un poste qui ne l'intéresse absolument pas et bien en deçà de ses capacités et de son niveau d'études –, pourquoi elle accepte d'être payée bien moins qu'elle pourrait l'être sans pourtant réussir à renégocier son salaire, pourquoi elle ne réussit pas tout simplement à se sentir bien et à être heureuse.

Non seulement Sonia a le sentiment de gâcher sa vie mais surtout elle ne comprend pas son comportement : elle s'en veut de ne pas réussir à être plus positive, plus dynamique alors qu'elle est tout à fait consciente d'en avoir les moyens.

Au fil des séances, Sonia découvre qu'elle vit complètement dans la culpabilité. Élevée dans un milieu déjà extrêmement austère, elle a connu à l'âge de trois ans la douleur brutale de perdre sa sœur dans un accident de voiture où elle aussi se trouvait, développant dès ce jour un sentiment de culpabilité extrêmement fort. Qui plus est, ses parents, enfermés dans leur douleur et leur mutisme, ont fait peser depuis ce drame une ambiance particulièrement lourde à la maison sans faire vraiment de place à Sonia ni lui permettre de nommer son propre chagrin.

Inconsciemment Sonia s'interdit de vivre sa vie, chose qui, au demeurant, l'effraie dans la mesure où ses parents l'ayant surprotégée, elle n'est pas non plus très armée pour affronter l'existence.

Quelques semaines après avoir réalisé l'ampleur de sa culpabilité, Sonia renouait avec son ami et commençait à envisager de changer de poste et de se diriger vers la voie qui lui plaisait.

Culpabiliser sans même s'en rendre compte

Il arrive que le sujet culpabilise sans en être du tout conscient. Certaines personnes, ayant fortement intégré des normes, des modèles, des censures, n'ont pas conscience de culpabiliser dans la mesure où leurs comportements, leurs choix leur paraissent normaux alors qu'elles ne font qu'éviter, sans s'en rendre compte, tout autre choix qui, précisément, leur donnerait un trop fort sentiment de culpabilité.

La censure est tellement bien intégrée que le sujet reste en quelque sorte en deçà de la culpabilisation. Il s'arrange pour ne pas culpabiliser.

Pourquoi est-ce que je ne réussis pas à changer ?

Je me souviens d'Antoine, directeur d'un très important service financier, marié, menant *a priori* une vie agréable. Pourtant Antoine n'est pas heureux. Des signes, des réflexions, des regards le laissent nettement supposer. Il fait de temps en temps allusion au peu de complicité qu'il a avec son épouse, et à l'aspect par trop matériel de son existence.

Je rencontre Antoine après qu'il a quitté son entreprise suite à une fusion. Fils de notaires, d'un tempérament artiste, passionné de peinture, il a choisi la finance pour « échapper », comme il dit, au notariat, sans toutefois poursuivre plus avant sa rébellion.

Aujourd'hui Antoine se pose des questions ; il aimerait organiser sa vie autrement, laisser davantage cours à ses passions, peut-être changer complètement de voie. Il pourrait raisonnablement envisager de tels changements mais dès qu'il en évoque l'idée, il s'explique d'abord à lui-même que ces projets sont irréalisables puis il se réoriente très vite sur son créneau professionnel, absolument persuadé que c'est la meilleure mais surtout la seule solution.

À la simple idée d'envisager autre chose, Antoine est tendu, mal à l'aise, angoissé mais n'a, à ce moment précis, aucune conscience de culpabiliser ! Et reste persuadé de ce qu'il dit, ce qui l'empêche d'ailleurs d'approfondir sa réflexion.

Quelle est votre dose de culpabilité ?

Plus la culpabilité est profonde, plus le sujet a tendance à culpabiliser ou à se laisser culpabiliser. Je vous propose donc de découvrir, avant tout, quelle est votre tendance à la culpabilisation.

1. Avez-vous l'impression que vous auriez pu faire mieux ?

a) Rarement ❍
b) La plupart du temps ❍
c) Toujours ❍

2. Avez-vous du mal à savoir ce que vous voulez ?

a) Rarement ❍
b) La plupart du temps ❍
c) Toujours ❍

3. Défendez-vous vos intérêts ?

a) Facilement ❍
b) Difficilement ❍
c) Très difficilement ❍

4. Êtes-vous mal à l'aise quand vous arrivez à vos fins ?

a) Rarement ❍
b) La plupart du temps ❍
c) Toujours ❍

5. *A priori*, en cas de problème, vous remettez-vous en cause ?

a) Rarement ❍
b) De temps en temps ❍
c) Toujours ❍

6. Avancez-vous dans votre vie ?

a) Facilement ❍
b) Difficilement ❍
c) Très difficilement ❍

7. Êtes-vous content de vous ?

a) En général ❍
b) Rarement ❍
c) Jamais ❍

8. Choisissez-vous ce qui vous plaît le plus, ce qui vous tient le plus à cœur ?

a) Toujours ❍
b) La plupart du temps ❍
c) Très rarement ❍

9. Êtes-vous sur la défensive ?

a) Rarement ❍
b) Souvent ❍
c) Toujours ❍

10. Avez-vous le sentiment que les autres vous jugent ?

a) Rarement ❍
b) Souvent ❍
c) Toujours ❍

11. Avez-vous le sentiment d'avoir à « donner » plus ?

a) Rarement ❍
b) Souvent ❍
c) Toujours ❍

12. Avez-vous du mal à vous faire plaisir ?

a) Rarement ❍
b) Souvent ❍
c) Toujours ❍

13. Vous faites-vous des reproches ?

a) Rarement ❍
b) Souvent ❍
c) Toujours ❍

14. Trouvez-vous facilement votre « place » ?

a) La plupart du temps ❍
b) Assez rarement ❍
c) Jamais ❍

15. Êtes-vous mal à l'aise quand vous résistez à une demande de votre entourage ?

a) Rarement ❍
b) La plupart du temps ❍
c) Toujours ❍

16. Écoutez-vous vos désirs profonds ?

a) La plupart du temps ❍
b) Assez rarement ❍
c) Jamais ❍

17. Avez-vous l'impression d'avoir tort ?

a) Rarement ❍
b) Souvent ❍
c) Toujours ❍

18. Êtes-vous quelqu'un d'inhibé ?

a) Rarement ❍
b) La plupart du temps ❍
c) Toujours ❍

19. Vous accordez-vous du temps ?

a) Toujours ❍
b) Souvent ❍
c) Rarement ❍

20. Allez-vous spontanément vers le bonheur ?

a) Toujours ❍
b) La plupart du temps ❍
c) Rarement ❍

Chaque fois que vous avez coché la première réponse, comptez 1 point, 2 pour la seconde, 3 pour la troisième. *Totalisez le nombre de points.*

- **Entre 60 et 90 points** – Vous avez une très forte tendance à culpabiliser avec probablement une culpabilité latente profonde ; vous avez probablement intérêt à rechercher l'origine de cette culpabilité si vous souhaitez vous culpabiliser un peu moins.
- **Entre 30 et 60 points** – Vous avez une assez forte tendance à culpabiliser : sans qu'il y ait en vous une culpabilité profonde, vous avez probablement des censures, des interdits, une dépendance affective qui vous font culpabiliser plus que nécessaire.
- **En dessous de 30 points** – Vous avez une faible tendance à culpabiliser. Manifestement, vous semblez assez sûr de vous, en capacité de vous défendre, libre de vos pensées et de vos désirs.

À noter : plus vous avez de points dans les questions paires et plus votre culpabilité est ancrée.

Chapitre 2

Responsable ou coupable ?

La conscience et le sens moral étant inscrits en chacun de nous, la frontière entre sentiment de responsabilité et sentiment de culpabilité n'est pas toujours facile à établir. Toutefois, là encore il existe une différence entre :

- avoir mauvaise conscience parce que l'on a le sentiment de ne pas avoir complètement assumé ses responsabilités ou mal rempli son rôle,
- toujours se sentir responsable de ce qui se passe,
- vivre dans la culpabilité permanente.

Avoir mauvaise conscience

Il est difficile de ne pas avoir mauvaise conscience[1] lorsque nous n'assumons pas les responsabilités que nous avons. Cette réaction est normale et positive dans la mesure où elle sert de régulateur et où elle nous permet de progresser. Il est logique et naturel d'être mal à l'aise lorsque nous sommes conscients de manquer à quelqu'un, de ne pas avoir fait aussi bien que nous l'aurions pu, de privilégier une personne au détriment d'une autre, de ne pas avoir fait plaisir, ou rendu service, d'avoir nui, même ponctuellement, à l'intérêt d'autrui, etc.

Notre mauvaise conscience est en partie alimentée par le sens moral, mélange d'inné et d'acquis qui renvoie inévitablement aux notions de bien et de mal, de devoir et d'interdit, lesquelles sont respectées naturellement et/ou par crainte de la sanction.

1. « Sentiment pénible d'avoir mal agi », Petit Robert.

Culpabilité et mauvaise conscience : deux états distincts

S'il existe un lien entre culpabilité et mauvaise conscience, et si l'on peut les confondre – dans les deux cas, nous avons le sentiment de ne pas avoir fait ou de ne pas faire ce qu'il faudrait –, il s'agit de deux états et de deux ressentis très différents.

À la différence de la culpabilité, la mauvaise conscience n'entame pas l'individu. On peut avoir mauvaise conscience, c'est-à-dire ne pas se sentir complètement en accord avec ce que l'on aurait souhaité faire ou ce qui aurait dû être fait, sans forcément culpabiliser, c'est-à-dire sans se sentir en faute ni craindre de sanction.

Philippe peut, par exemple, avoir mauvaise conscience de ne pas avoir terminé son dossier mais cela ne l'empêche pas de profiter de sa fin de week-end. Il décide qu'il se lèvera plus tôt le lendemain pour finir de le préparer. À l'inverse s'il culpabilise, il ne profitera pas de sa fin d'après-midi ni de sa soirée de dimanche ; il ne cessera de penser à ce qu'il n'a pas fait, en sentant monter en lui une tension, pour ne pas dire une angoisse, il sera agressif avec ses enfants et, pour se punir, il gâchera même le dîner organisé avec ses amis.

Lorsque le sujet a mauvaise conscience, il assume malgré tout ses actes et accepte de n'être pas parfait. À l'inverse, lorsqu'il culpabilise, il ne les assume pas entièrement et s'en veut de ne pas être parfait.

Pour nombre d'entre nous, la distinction peut demeurer en partie théorique dans la mesure où nous vivons dans une société encore empreinte de culpabilité et dans laquelle avoir mauvaise conscience implique presque instantanément un sentiment de culpabilité.

Toutefois, au niveau du vécu, du ressenti, une différence subsiste : quand on a mauvaise conscience, on ne se sent pas « en paix » ; quand on se culpabilise, on se sent « en «faute ».

Culpabilité et sens moral

Le sens moral, à la fois inné et acquis, nous différencie des animaux et régule notre vie en société. Il renvoie à la conscience du bien et du mal, il est en partie à l'origine des lois et en favorise le respect ainsi que le respect d'autrui.
Avoir un sens moral développé nourrit la mauvaise conscience mais n'implique pas de sentiment de culpabilité *stricto sensu*.
En revanche, l'individu est bien considéré, quand il ne la respecte pas, comme « coupable » au regard de la loi, garante de l'ordre moral et social, et ce même s'il ne se sent pas, en la transgressant, forcément coupable, même s'il n'a aucune conscience de commettre une faute.

Culpabilité et scrupule

Le scrupule relève à la fois d'un sens moral plus ou moins aigu et d'un désir de bien faire. C'est l'« incertitude d'une conscience exigeante au regard de la conduite à avoir ou du caractère de faute d'une action passée ; [une] inquiétude sur un point de morale »... C'est aussi une « tendance à juger avec rigueur sa propre conduite... »[1] Toutefois, avoir des scrupules n'implique pas de se sentir coupable, en faute.
L'individu choisit en fonction de sa moralité et de son exigence vis-à-vis de lui-même, de faire ou de ne pas faire telle chose. Sa conscience et ses scrupules le conduisent à une forme de responsabilité plutôt qu'à de la culpabilité.

Culpabilité et remords

Le remords est le « sentiment douloureux accompagné de honte que cause la conscience d'avoir mal agi »[2].
On peut regretter un acte, un choix, une pensée, une parole mais l'assumer sans craindre une sanction, sans s'infliger de punition, sans culpabiliser.

L'hyper-responsabilisation

L'hyper-responsabilisation est le sentiment qui consiste à se sentir trop responsable notamment des autres, de leur sort, de leur bien-être, de leurs réactions, de leur évolution, et à être trop sensible à ses propres devoirs et responsabilités.

1. 2. Les définitions données ici sont extraites du Petit Robert.

Ce sentiment provient la plupart du temps d'un caractère anxieux et/ou d'un passé familial où le sujet a dû très tôt, notamment lors du décès précoce ou de la déficience de l'un des parents, assumer énormément de choses. Toutefois, si l'individu est hyper-responsable, c'est que la culpabilité, le plus souvent, n'est pas loin.

L'origine de ce comportement est à chercher dans l'impression que l'individu a eue de devoir soutenir, prendre en charge les autres, réparer une situation ; il se sent alors coupable de ne pas avoir pu ou su le faire pleinement. Ou bien il a pu ressentir l'obligation de satisfaire en tout point les besoins, les attentes et les désirs de l'autre, notamment de ses parents, pour être acceptable, aimable et peut-être... aimé. D'ailleurs, on trouve souvent derrière l'hyper-responsabilisation un désir de perfection, d'excellence ne visant qu'à obtenir l'amour des autres.

Tout comme les culpabilisations-écrans, l'hyper-responsabilisation cache souvent une « vraie » culpabilité, c'est-à-dire la certitude de porter directement la responsabilité d'un événement, d'un drame.

Ils ne s'en sortiront pas sans moi

Née dans un couple désuni, Lisiane est élevée d'abord par sa grand-mère puis mise en pension, sa mère ayant refusé très vite après sa naissance de s'occuper d'elle. Enceinte très jeune d'un homme qu'elle épouse mais dont elle se sépare rapidement, Lisiane élève seule son fils et se voit dans l'obligation de tout assumer d'autant que, depuis toujours, elle est habituée à ne compter que sur elle.

Arrivée à l'âge mûr, Lisiane continue à tout « porter » littéralement de son entourage, qui compte entièrement sur elle : son fils, sa belle-fille, ses petits-enfants et même son compagnon.

Généreuse, solide, elle pallie en permanence non seulement le laxisme, l'inconséquence mais surtout les dépenses excessives de son fils, les exigences financières de sa belle-fille, les caprices de ses petits-enfants, cherchant toujours à combler leurs désirs. Elle soutient aussi beaucoup son compagnon adorable mais plutôt dépressif.

Consciente à présent de ses excès et parfois usée, elle reste toutefois persuadée que, si elle laisse ses enfants se débrouiller seuls, ils ne pourront pas s'en sortir, alimentant ainsi elle-même depuis déjà un grand nombre d'années ce processus vicié. Aujourd'hui le pli est pris. Un autre comportement de sa part aurait-il orienté différemment le cours des choses ?

On peut en tout cas se demander si, derrière cette hyper-responsabilisation et ce courage à toute épreuve, ne se cache pas chez Lisiane une double culpabilité : celle de ne pas avoir « donné » de père à son fils, mais aussi une culpabilité née du rejet infligé par sa propre mère – qu'a-t-elle pu à ce point faire de mal pour qu'un tel rejet se produise ?

Sentiment de culpabilité : les signes

Étrangement, alors que nous en sommes les premières victimes, il nous est parfois difficile de réaliser que nous vivons dans la culpabilité ; nous croyons tellement être en faute que nous en perdons tout recul, toute objectivité, toute défense. Par exemple, quand l'hyper-responsabilisation cache une vraie culpabilité, l'individu a tellement tendance à penser qu'il est de son devoir de réagir comme il le fait qu'il n'envisage même pas de pouvoir réagir, vivre autrement, et cela d'autant plus qu'il a besoin de protéger la personne qui le culpabilise, notamment dans le cadre d'une relation affective forte.

Ainsi est-il fréquent de ne pas identifier que nous culpabilisons ou bien de croire culpabiliser un peu quand, en réalité, nous culpabilisons beaucoup, de nous croire responsable quand, en réalité, nous nous sentons proprement coupable.

Dans ce cas, le risque est d'avoir alors plus de difficultés à y remédier. Le mal peut tranquillement continuer à faire ses ravages !

Si nous n'avons pas conscience, par exemple, que nous en faisons trop par culpabilité, il devient plus difficile d'une part, de se débarrasser du symptôme et, d'autre part, de (se) sortir de la culpabilisation, d'arrêter de culpabiliser. De la « prise de tête » à la conduite d'échec, le sentiment de culpabilité a de nombreux effets directs et indirects sur nos réactions et nos comportements. En cas de doute, et pour éventuellement prévenir des dégâts trop importants, il convient d'être attentif et de repérer tous les signes, tous les symptômes d'un sentiment de culpabilité, afin de savoir si l'on culpabilise, si l'on se sent momentanément coupable ou s'il s'agit seulement d'un sens des responsabilités développé. Il va de soi que, plus les signes sont nombreux et fréquents, avec des conséquences négatives pour lui, plus le sujet vit en état de culpabilité.

Les « prises de tête »

Quand on regrette, quand on revient en arrière, quand on rumine, quand on pense avoir eu tort, quand on se fait des reproches, quand on éprouve le besoin de toujours revenir sur les mêmes sujets en trouvant tous les arguments possibles pour expliquer qu'il y a des raisons objectives à son inquiétude, bref quand on se « prend la tête », il est à parier que l'on culpabilise.

Une attitude infantile, immature

L'envie de mentir, de cacher, d'accuser les autres, de ne pas prendre ses responsabilités, de trouver de fausses excuses – donc le fait d'avoir des réactions plutôt immatures, est le signe d'une culpabilité.

Les doutes permanents

Quand on doute trop souvent et/ou trop longtemps de ses idées, de ses positions, de ses choix, de ses décisions, la probabilité d'un sentiment de culpabilité est forte.

En faire « trop »

Souvent quand on culpabilise, on a tendance, à tort ou mal à propos, à « trop » en faire : trop d'explications, de justifications, d'excuses mais aussi trop d'investissement dans le travail, trop de services rendus, trop de disponibilité, trop d'écoute, voire trop de responsabilités assumées, etc.

« Trop » est, dans la plupart des cas, synonyme de culpabilisation. En effet, dès que le « don » aux autres est excessif, il s'agit de culpabilisation, voire de culpabilité.

La perte de moyens

Lorsque subitement ou progressivement l'on perd ses moyens, on ne trouve plus ses arguments, on a du mal à raisonner, on perd de vue ses priorités, oubliant même parfois de se défendre ou de se protéger, il est probable que l'on se culpabilise, *a fortiori* si l'on se sent inhibé, bloqué.

La peur du jugement de l'autre

Liée, généralement, à un manque de confiance en soi, la peur du jugement de l'autre est souvent synonyme de culpabilité. Se sentant toujours coupable et, par voie de conséquence, insuffisant, imparfait, le sujet craint d'autant plus le regard de l'autre ; celui-ci ne manquera pas à son tour d'activer son sentiment de culpabilité, maintenant le sujet dans un véritable cercle vicieux.

Le désir de plaire

Le désir de plaire, autre versant de la peur du jugement de l'autre, cache souvent une culpabilité. Le sujet cherche à plaire, à séduire pour orienter le jugement d'autrui et ne montrer de soi que les meilleurs côtés, évitant ainsi la culpabilité terrible de ne pas être irréprochable.

La dévalorisation permanente

Quand il culpabilise, l'individu a tendance à se dévaloriser, à ne voir que le négatif de ses actions, de ses propos, de ses pensées : jamais le positif. Comme il a souvent tendance à idéaliser l'autre, il a d'autant plus tendance à se dévaloriser.

La perte d'estime de soi, de confiance en soi

Le sujet a tendance à se juger, à s'auto-accuser, à se faire des reproches.

Il perd de vue ses qualités, ne se trouve aucune circonstance atténuante. À force de douter, de se questionner, de se mettre en cause, il finit aussi par perdre confiance en lui.

L'agressivité

L'agressivité est souvent un signe de culpabilité. L'individu qui se culpabilise s'empêche de s'affirmer et se rend la plupart du temps malheureux. Vivant dans la frustration, il a tendance, par besoin de compensation, à être agressif avec les autres, qu'ils soient ou non à l'origine de sa culpabilité.

Culpabiliser les autres

Les personnes très coupables cherchent souvent paradoxalement à culpabiliser les autres, d'une part parce que c'est un mode relationnel qu'elles connaissent – on traite souvent les autres comme on se traite soi-même –, d'autre part parce qu'en faisant subir aux autres ce qu'elles subissent elles-mêmes, elles se délestent un peu de la pression qu'elles s'imposent.

Si, par ailleurs, la culpabilité renvoie en partie à un besoin de contrôle et à l'illusion d'un pouvoir sur les autres et sur les évènements, il n'y a rien d'étonnant à ce que le sujet continue à chercher à établir son contrôle sur l'autre et à asseoir son pouvoir sur lui en le culpabilisant.

Jouer les victimes

Jouer les victimes est une variante de la culpabilisation des autres ; le sujet cherche ainsi à les culpabiliser. C'est en outre une façon d'éviter d'assumer ses responsabilités.

Les fuites

Les attitudes de fuite sont souvent liées à la culpabilité ; soit l'individu évite, là encore, d'avoir à se confronter aux autres, d'avoir à s'affirmer et de prendre ses responsabilités, soit il met en place une stratégie dont la finalité, le plus souvent inconsciente, est d'échouer. Il fuit ainsi les situations, les rencontres, les opportunités qui pourraient le mettre sur la voie d'un succès.

Les blocages, les inhibitions

Parce qu'il culpabilise, l'individu peut également se trouver bloqué, dans l'impossibilité de prendre une décision : s'engager, quitter quelqu'un, changer de voie professionnelle, d'appartement, partir en vacances, s'offrir un objet dont il a envie, etc.

Le stress, l'anxiété

L'état d'insécurité intérieure et la charge émotionnelle permanente liés à une forte tendance à se culpabiliser, créent une pression, une tension, une frustration telles que le sujet finit par être toujours stressé.

Les échecs à répétition

Les échecs à répétition, relationnels, professionnels, amoureux sont toujours le signe d'une culpabilité. L'individu se sabote, il se sent trop en faute pour s'accorder un bonheur, un succès.

Les peurs tenaces

Les peurs que l'on ne parvient pas à dépasser cachent souvent une culpabilité.

La crainte permanente d'une catastrophe

Cherchant à s'auto-punir ou s'attendant à un châtiment, l'individu qui culpabilise s'attend toujours à ce qu'il arrive une catastrophe. Il doit payer.

Les somatisations

La culpabilité, compte tenu de son origine et des frustrations qu'elle produit, génère toujours d'autres émotions : la colère la plupart du temps non exprimée, la tristesse, la révolte, la honte, la jalousie... Comme tous les blocages émotionnels ou les émotions négatives, elle est donc fréquemment à l'origine de somatisations et de problèmes physiologiques.

La dépression

Beaucoup de dépressions sont l'expression d'une culpabilité larvée. Se sentant en faute, l'individu s'accuse, il a honte, se dévalorise, se referme sur lui-même, n'a plus envie de rien, ne se croit plus capable de quoi que ce soit… Il déprime.

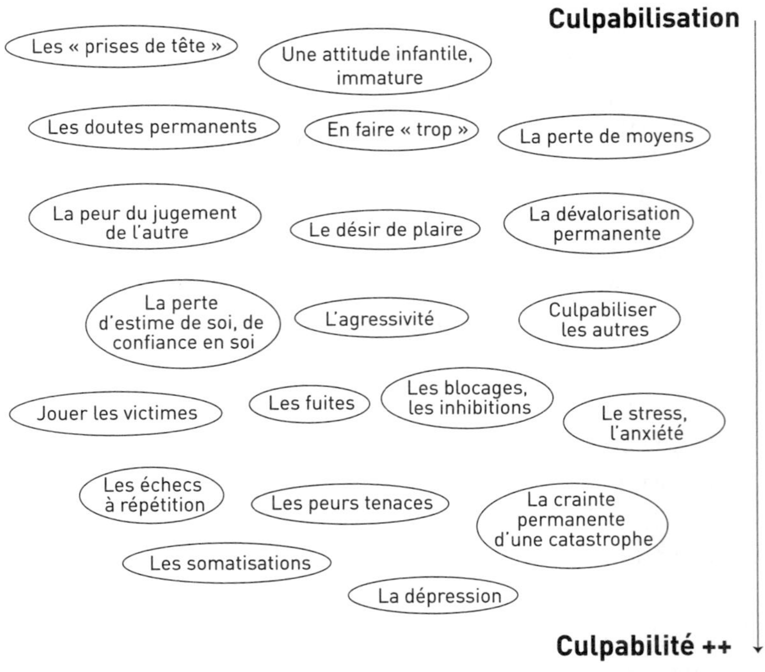

La peur d'une catastrophe

La mère de Sylvie est décédée quelques temps après sa naissance, des suites de l'accouchement. En plus de sa perpétuelle angoisse d'abandon, Sylvie se sent coupable d'avoir, d'une certaine façon, provoqué la mort de sa mère.

À presque 40 ans, elle se met toujours dans des relations affectives difficiles où elle ne peut être qu'abandonnée, et éprouve beaucoup de difficultés à se mettre en valeur dans sa vie professionnelle, toujours prête à prendre les missions les moins intéressantes, à servir de faire-valoir aux autres et à favoriser leur carrière plus que la sienne.

Petit à petit, Sylvie se dégage de sa culpabilité en acceptant l'idée d'un bonheur durable, d'une réussite et d'un épanouissement pour elle-même.

Toutefois, dès que des signes positifs se présentent/se manifestent, si elle rencontre un homme avec qui se dessine un avenir possible ou si elle connaît un succès professionnel, elle craint aussitôt l'arrivée d'une catastrophe, non seulement parce qu'elle vit dans le traumatisme de la perte de sa mère, mais aussi parce qu'elle se sent responsable de son décès ; elle ne peut donc que s'interdire ou payer très cher le moindre bonheur, voire même sa simple perspective.

Totalement surchargée

Mariée, trois enfants, Catherine est assistante et actuellement surchargée de travail. Elle vient d'obtenir une promotion mais, bien que sa compétence soit reconnue par tous, elle a l'impression de ne pas vraiment la mériter, de ne pas faire assez bien, de ne pas en faire assez, de ne pas avoir le niveau requis.

En outre, l'entreprise étant en restructuration, son patron a peu de temps pour dialoguer avec elle et lui dire ce qui va ou éventuellement ne va pas. Du fait de cette restructuration en cours, elle n'est plus seulement l'assistante de son patron mais elle travaille aussi pour un autre directeur qu'elle ne connaît pas et qui la met nettement moins en confiance : il est dur, très exigeant avec une tendance à faire des remarques plutôt incisives.

Comme elle se sent *a priori* en « faute », elle en fait beaucoup trop : elle passe trop de temps sur ses dossiers, se rend entièrement disponible pour ses patrons et même pour ses collègues auxquels elle est toujours prête à rendre service.

À la maison, c'est un peu la même chose. Catherine a l'impression de ne pas en faire assez, se reproche de ne pas être une bonne mère ni assez féminine. Elle cède ainsi un peu trop aux caprices de ses enfants, tout comme aux demandes de son mari en assumant bien plus que sa part… Catherine n'a pas une seconde à elle, mais trouve tout cela parfaitement normal.

Au-delà de son caractère serviable, de sa générosité et de son énergie, elle ne se rend pas compte qu'elle s'impose ce rythme de plus en plus infernal parce qu'en réalité elle se sent toujours coupable. Assez peu regardée par une mère qui buvait et qui était très en « demande », Catherine qui n'a guère reçu d'attention ni d'affection, a dû très petite assumer toute l'intendance de la maison, et restait toujours persuadée de ne jamais en faire assez et probablement de ne pas mériter l'amour de ses parents.

Culpabilité : oui ou non ?

Nous culpabilisons quand nous pensons avoir commis une faute pour laquelle les autres vont nous juger et nous sanctionner.

Nous ne culpabilisons pas quand nous reconnaissons nos erreurs, nos insuffisances et que nous cherchons à dialoguer avec nous-même et/ou avec les autres, à trouver une solution, à faire évoluer la situation, à faire mieux la fois suivante.

Êtes-vous « responsable » ou coupable ?

1) Votre sœur va mal.

- ▲ Vous vous demandez ce que vous pouvez faire pour l'aider.
- ● Il faut absolument l'inviter pendant les vacances, sinon que va penser la famille ?
- ■ Dès le week-end prochain, vous allez essayer d'organiser ses vacances pour qu'elle ne soit pas seule.

2) Vous ne vous êtes pas senti(e) entièrement disponible pour votre meilleur(e) ami(e) l'autre soir, quand il/elle vous racontait ses problèmes au bureau.

- ■ Pendant votre trajet du retour, vous avez le sentiment qu'il/elle risque de ne pas se débrouiller lors de son entretien.
- ▲ Vous êtes un peu triste et vous vous promettez de l'appeler dès le lendemain pour vous excuser.
- ● Vous avez mal dormi et vous espérez le lendemain qu'il/elle ne vous en reparlera pas.

3) Vous ne vous êtes pas entièrement impliqué(e) sur un dossier au travail.

- ■ Vous craignez à présent que l'ensemble du projet ne tombe à l'eau par votre faute.
- ▲ Vous essayez de comprendre pourquoi cette mission ne vous motivait pas.
- ● Vous êtes à présent très inquiet du regard de votre patron.

4) Vous n'avez pas rendu visite à votre mère alors que vous en auriez eu la possibilité.

- ● Vous vous trouvez en dessous de tout et vous la rappelez cinq fois dans la journée.
- ▲ Vous pensez aux services que vous lui rendez régulièrement.
- ■ Vous imaginez déjà tous les moyens de compenser.

5) Votre fils a raté ses examens.

- ▲ Vous l'aviez prévenu et encouragé à travailler davantage ; vous vous demandez à présent où vous allez l'inscrire.
- ● Vous le vivez comme votre échec, vous êtes complètement obsédé(e) et persuadé(e) que vous n'êtes pas à la hauteur pour l'éduquer.
- ■ Vous passez votre semaine à lui chercher des cours de rattrapage d'été et vous annulez vos vacances.

6) Vous êtes conscient(e) d'être dur(e) et peu aimant(e) avec votre partenaire.

- ● Ce constat vous mine mais vous niez les faits si l'on vous en parle.
- ▲ Vous essayez de comprendre pourquoi vous avez ce type de comportement.
- ■ Vous menez trois thérapies en même temps.

7) Vous vous êtes un peu fait « roulé » au restaurant et vous constatez une erreur en votre faveur sur votre addition ; sous l'effet de la colère, vous ne dites rien sur le moment, mais :

- ● Vous en parlez tout l'après-midi.
- ▲ Vous n'êtes pas très fier(ère) de votre attitude mais vous pensez que les prix étaient vraiment exagérés ; de plus vous vous calmez en vous disant que maintenant c'est fait.
- ■ Vous avez l'intention d'appeler le restaurateur pour lui dire la vérité : vous avez constaté une erreur au moment de régler la note, vous ne l'avez pas signalé car vous avez eu l'impression de payer trop cher sa prestation, vous êtes prêt(e) à lui envoyer la différence si cela lui paraît souhaitable.

8) Vous végétez depuis quelques années dans votre poste et vous ne sentez pas en vous pour l'instant une réelle envie de changer.

- ▲ Vous êtes conscient(e) de ne pas vous épanouir ; vous prenez acte de la situation et vous pensez que quand vous souhaiterez changer, vous le ferez.
- ● Vous vous trouvez minable ; cela vous déprime.
- ■ Vous passez des tas d'entretiens sans envie ni conviction.

9) Vous êtes en conflit ouvert avec un(e) collègue.

- ■ Vous essayez de tout faire en votre pouvoir pour trouver un terrain d'entente.
- ▲ Vous cherchez à faire intervenir un médiateur pour que le problème s'aplanisse.
- ● Vous vous torturez pour savoir ce qui ne va pas chez vous.

10) Vous réussissez très bien professionnellement mais vous vous sentez très dépendant(e) au plan personnel, affectif.

- ■ Vous cherchez à résoudre à la fois vos problèmes et ceux de votre partenaire.
- ● Vous avez honte de parler de votre relation.
- ▲ Vous essayez de progresser et de vous autonomiser.

Chaque fois que vous avez coché la réponse ▲, comptez 1 point, la réponse ■, 2 points, la réponse ●, 3 points. *Totalisez le nombre de points.*

- ▶ **Entre 30 et 20 points** – Pas de doute : vous êtes vraiment pétri(e) de culpabilité ; ce sentiment domine en vous et vous fait certainement perdre de vue les limites de vos responsabilités et les moyens que vous avez pour les assumer.
- ▶ **Entre 20 et 10 points** – Vous ne sombrez pas toujours dans la culpabilité mais vous avez tendance à vous sentir hyper responsable. À vous de voir si cette hyper-responsabilité ne cache pas un peu ou beaucoup un sentiment profond de culpabilité.
- ▶ **En dessous de 10 points** – Ce que vous éprouvez relève davantage d'un sens de vos responsabilités sans empreinte d'hyper-responsabilisation et encore moins de culpabilité.

Chapitre 3

Comment ça marche ?

Quand nous éprouvons, quel qu'en soit le degré, un sentiment de culpabilité, nous avons en réalité, à tort ou à raison, le sentiment de faire, de dire, de penser quelque chose que nous n'avons pas le droit de faire, dire ou penser, de vivre ce que nous n'avons pas le droit de vivre.

De fait, l'individu qui culpabilise a l'impression d'être en faute, d'avoir commis une faute, en d'autres termes de faire une chose non autorisée, non souhaitée, non acceptable, non désirable voire interdite par autrui.

C'est seulement sur la base de ce sentiment de faute que naît la culpabilité. Sans cette impression d'être en faute, le sentiment de culpabilité n'existerait pas ; il y aurait seulement plaisir ou déplaisir, facilité ou difficulté, résultats ou non-résultats, satisfaction ou insatisfaction personnelle, bonne conscience ou remords, approbation ou désapprobation des autres.

Je vous propose, à présent, de mieux cerner le mécanisme de la culpabilité et d'identifier de quoi, au juste, nous nous sentons coupable, de quelle faute plus fondamentale nous croyons être l'auteur.

La notion de « devoir »

Quand nous culpabilisons, c'est à bien y réfléchir parce que nous avons l'impression de ne pas faire ce que nous devrions faire ou l'inverse, faire ce que nous ne devrions pas faire ; de ne pas être ce que nous devrions être ou l'inverse, être ce que nous ne devrions pas être. En d'autres termes et pour résumer, de ne pas faire notre devoir. C'est, de fait, toujours la notion de « devoir », quelles qu'en soient la nature et l'intensité, qui se cache derrière l'impression de « faute ».

Or tout individu, depuis l'enfance, s'est vu donné implicitement ou explicitement, voire imposé, ou bien encore s'est donné à lui-même un certain nombre de devoirs. Ainsi, dès que nous ne les remplissons pas ou imparfaitement, dès que nous n'observons pas les règles fixées, que nous ne respectons pas les « interdits », nous sommes potentiellement en état de culpabilisation.

Voilà pourquoi les situations propres à nous culpabiliser sont multiples et varient autant d'un individu à l'autre.

La peur de la sanction

Se sentant en « faute », le sujet craint une sanction qu'il a tendance à amplifier : l'individu qui se sent coupable réagit parfois comme s'il l'était vraiment. C'est d'ailleurs pourquoi la sensation de malaise est si forte. C'est également par crainte de la sanction que le sujet redoute le jugement des autres – jusqu'à leur regard même –, et se sent tenté de mentir, de trouver des excuses, des prétextes.

Pour se punir de sa « faute », le sujet a par ailleurs tendance, à travers son comportement, à s'infliger à lui-même une sanction : échec, rejet, exclusion, perte de crédibilité, perte de l'estime ou de l'amour d'autrui sous toutes ses formes. C'est pourquoi, contrairement au sentiment de responsabilité ou au remords, le sentiment de culpabilité est aussi destructeur.

Nous voyons ainsi le glissement, pour ne pas dire le dérapage, qui peut s'opérer à partir d'un fait anodin, banal, minime vers un sentiment profond de faute, avec toute la chaîne d'émotions et de peurs qui s'y rattache.

Le mécanisme de la culpabilité

Avoir un sentiment de culpabilité

=

Avoir le sentiment de ne pas faire son « devoir »

=

Avoir le sentiment d'être en faute

=

Craindre une sanction et/ou se l'infliger

Gêne et culpabilisation

Se culpabiliser n'est pas seulement être embarrassé, gêné, ennuyé ; c'est se sentir en faute et craindre une sanction.
Nous pouvons être confus, par exemple, d'être arrivé en retard ou d'avoir manqué à quelqu'un, sans éprouver de sentiment de culpabilité, sans culpabiliser. Nous sommes alors gênés, mal à l'aise mais nous ne culpabilisons pas et, après nous être excusé, la confusion disparaît.
Si, inversement, nous culpabilisons, nous avons davantage de mal à évacuer la charge émotionnelle négative, laquelle risque de venir au fil des jours s'ajouter à d'autres et finir par nous déstabiliser.

Remise en cause et culpabilisation

Remise en cause et culpabilisation sont deux choses différentes. On peut se remettre en cause sans culpabiliser, sans se donner le sentiment d'être coupable.
Nous pouvons en effet nous questionner, faire notre autocritique, nous demander si nous avons eu raison ou tort, sans ressentir le moindre sentiment de culpabilité. Dans ce cas d'ailleurs, la remise en cause peut réellement avoir lieu puisque, précisément, nous ne nous sentons pas coupables.
Cela dit, il est toujours possible de se remettre en cause et de culpabiliser : malheureusement l'un n'empêche pas l'autre !

Les cinq grandes « fautes »

Avec des variantes, selon la place que le sujet a eue dans sa famille, le rôle qu'il lui a été demandé de jouer ou qui lui a été attribué dans les premières années de son existence, selon les manques et les carences ressentis, selon les demandes – souvent implicites – qui lui ont été faites, selon les désirs des parents projetés sur lui, le sujet peut potentiellement se sentir coupable de cinq fautes majeures.

Même si ces ressentis se mêlent parfois, il est important de pouvoir les distinguer, et d'abord les nommer, afin de prendre la distance qui convient.

Le sentiment de « ne pas être assez bien »

Le sujet a tendance à culpabiliser de n'être jamais assez bien. Il a l'impression de ne jamais mériter l'estime et nourrit l'idée que les autres sont toujours plus intéressants, plus aimables, plus beaux, plus intelligents, réussissent mieux que lui.

Non-estime de soi et culpabilité

Cette non-estime de soi trouve souvent son origine dans l'enfance et peut provenir d'un manque d'amour et de reconnaissance, et/ou d'une difficulté que le sujet a rencontrée pour s'imposer, s'intégrer, avoir une place, se faire apprécier pour lui-même.

Par ailleurs, une très forte exigence imposée par un parent, un professeur, un patron, un conjoint, peut également peser sur un sujet et lui faire penser, quoi qu'il fasse, quoi qu'il réussisse, qu'il n'est jamais assez bien.

Ainsi le sujet a-t-il tendance à culpabiliser d'être – ou plus précisément – de n'être que ce qu'il est. Sa « faute » consiste à ne pas être différent de ce qu'il est.

Coupable de n'être qu'une femme

Les parents de Marie sont d'origine sicilienne. À sa naissance, son père désirait plutôt un garçon. À l'école, dans l'est de la France, elle se sent vis-à-vis des autres enfants trop brune, trop mate, trop boulotte, pour être acceptée par eux. Par ailleurs, Marie assiste depuis toujours aux incartades de son père et aux tromperies imposées à sa mère, laquelle, en femme soumise, souffre mais accepte d'être traitée ainsi.

Marie est bonne élève mais n'a pas l'aisance exceptionnelle que son père aurait souhaitée. Attirée par les enfants et les professions sociales, Marie choisit pourtant des études d'ingénieur des travaux publics pour satisfaire son père qui ne cesse pourtant de la dévaloriser tout au long de ses études en lui répétant qu'elle ne pourra jamais être aussi bonne qu'un homme dans ce domaine.

Marie s'est toujours sentie coupable : coupable d'être une fille, de ne pas avoir la peau suffisamment blanche et les cheveux suffisamment clairs pour s'intégrer, de voir sa mère malheureuse sans pouvoir l'aider. Pendant son enfance et son adolescence, elle absorbe aussi probablement une partie de ce qu'elle pressent être la culpabilité de sa mère, laquelle rejetée, délaissée par son mari, doit souffrir de ne pas se sentir suffisamment séduisante, belle, drôle, mutine pour le capter davantage.

Aujourd'hui, Marie manque de confiance en elle et a du mal à avancer dans sa vie tant professionnelle que personnelle. Elle ne sent jamais assez bien pour plaire à quelqu'un, pour le garder près d'elle, pour se faire des amis, pour espérer une promotion ; elle est toujours trop grosse, trop sérieuse, pas assez brillante, pas assez drôle, pas assez féminine. Elle pense même ne pas être un très bon ingénieur dans la mesure où elle n'exerce pas dans la branche qu'elle aurait choisie et se vit comme un imposteur…

Elle a beau essayer de se trouver des qualités, Marie n'aime pas ce qu'elle est et s'en veut d'être qui elle est.

Le sentiment de « mal » faire

Le sujet culpabilise parce qu'il pense toujours mal faire ou craint de ne pas « bien » faire. Il s'agit moins de ne pas être assez bien que de ne jamais faire ce qu'il faut ni assez bien.

L'individu vit avec l'idée que, dans la même situation, autrui fait ou ferait mieux ; il doute toujours d'être dans le vrai, de faire ce qu'il y a à faire, ce qu'il est « bien » de faire.

■ Omniprésence du « bien » et culpabilité

Ce sentiment d'incapacité, d'imperfection et ce doute permanent proviennent de « modèles » très forts auxquels l'individu pense toujours, même s'il s'en écarte, devoir absolument se conformer et/ou auxquels il souhaite ou, plus exactement il a souhaité enfant, ressembler.

C'est particulièrement le cas si l'individu, notamment dans l'enfance :

- a reçu une éducation très normative, moraliste et fortement empreinte de la notion du bien et du mal ;
- a subi beaucoup de reproches venant surtout de personnes comptant énormément à ses yeux ;

- s'est vu imposer, notamment de la part du parent du même sexe que lui, un « modèle » de compétence, d'intelligence, d'élégance, de réussite, d'efficacité... ;
- a vécu avec des personnes qu'il a tendance, pour des raisons réelles ou imaginaires, à admirer voire à idéaliser.

À mon âge, mon père, lui...

François est directeur commercial, marié, deux enfants. Quoi qu'il fasse, il culpabilise : il se sent piètre commercial, piètre manager, piètre bricoleur ; en tant que père, en tant que mari, il a souvent l'impression de ne pas être à la hauteur et passe son temps à se faire des reproches.

Au travail, il pense qu'il devrait avoir plus de charisme, d'audace, écouter davantage ses intuitions, être plus communicatif avec ses collaborateurs ; à la maison, qu'il devrait être plus disponible, plus gentil parfois, et offrir un meilleur train de vie à sa femme et à ses enfants qu'il adore, etc.

Le père de François était lui aussi directeur commercial et, selon ses dires, remarquable en affaires. Quand François parle de son père, il le décrit comme un excellent mari, attentif, protecteur, assumant tout financièrement, sa mère n'ayant jamais eu besoin de travailler. Il s'en souvient comme d'un père tendre, présent pour lui et son frère, s'intéressant à leurs études et à leur avenir, etc. Très manuel et créatif, il avait également rénové presque seul leurs deux maisons.

Son père était-il si parfait en tout ? Toujours est-il que François se culpabilise en permanence de mal faire, c'est-à-dire de ne pas faire aussi bien que son père. Ce dernier, avec son charisme, sa forte personnalité n'a sûrement pas manqué d'impressionner le petit François ni d'induire, en communiquant finalement assez peu avec lui, contrairement aux premières évocations de François, qu'il était une référence absolue et le modèle à suivre.

La peur de mal faire

Ayant grandi dans un milieu très traditionnel de la bourgeoisie catholique et provinciale, Fabienne, dont la mère était très effacée, a surtout été élevée par son père, un homme strict, très peu démonstratif, avare de compliments, avec des principes rigides et beaucoup d'exigences à l'égard de ses enfants.

En outre, Fabienne vit dans l'ombre de sa sœur aînée, depuis toujours plutôt remarquable : très douée pour les études et pour la musique, elle connaît aujourd'hui une brillante carrière, ce qui ne l'empêche pas de trouver le temps d'élever ses quatre enfants et même de faire du bénévolat.

Entre les principes de son père et la permanente comparaison avec sa sœur, Fabienne a aujourd'hui toujours l'impression de mal faire, de ne pas faire assez bien ce qu'elle entreprend, de ne jamais faire comme il faut. Quoi qu'elle fasse, elle se sent toujours coupable de ne pas avoir fait mieux, notamment avec ses deux filles et son garçon. Elle aimerait qu'ils travaillent mieux à l'école, qu'ils soient plus autonomes, mieux dans leur peau. Dès que l'un d'eux rencontre une difficulté scolaire ou relationnelle, Fabienne craint que ce ne soit de sa faute, elle se reproche de ne pas les ouvrir suffisamment au monde extérieur, de ne pas assez les contraindre à faire des activités extérieures.

Alors qu'elle en a le temps, puisqu'elle ne travaille pas, elle se reproche de ne pas planifier assez de sorties avec son mari, de ne pas être assez sociale, mondaine, de ne pas organiser suffisamment de dîners. Quand elle en organise un, elle a le sentiment de ne pas avoir prévu, cuisiné, reçu comme il fallait.

Quand Fabienne a une décision à prendre, qu'il s'agisse d'un lieu de vacances ou d'un comportement à adopter vis-à-vis de l'un de ses enfants, de sa belle-mère ou de ses parents, elle hésite énormément et, quelle que soit sa décision, elle continue à se demander au fond d'elle-même si elle a « bien » fait. Elle ne sait pas si elle a raison de ne pas travailler ou s'il serait mieux pour elle, à présent que ses enfants ont grandi, de reprendre une activité professionnelle. Elle se reproche de perdre du temps, de ne pas être assez ambitieuse mais se reproche tout autant l'idée de se remettre éventuellement à travailler alors que ses enfants ont encore besoin d'elle.

Quoi qu'elle fasse ou envisage de faire, Fabienne n'est jamais certaine que ce soit « bien ».

Le sentiment de ne pas être « comme il faut »

Le sujet culpabilise de manière latente parce qu'il a le sentiment de ne pas être comme il faut, de ne pas répondre ou de ne pas correspondre à certaines attentes ou à certains désirs d'autrui, de ne pas rentrer dans le « moule », de ne pas avoir satisfait aux désirs et aux attentes des parents, ou plus généralement d'un milieu social.

Les notions de « devoir » et de sanctions sont ici particulièrement prégnantes.

Culpabilité et attentes de l'autre

Cette impression de ne pas être comme il faut provient de vécus dans des milieux souvent très rigides qui exigent, implicitement ou explicitement, du sujet qu'il se comporte, vive exactement comme la famille, le milieu, la société l'attend, faute de quoi il n'est pas comme « il faut ».

Elle peut également provenir/se doubler d'un fort besoin d'intégration éprouvé par le sujet à un moment de sa vie, ayant accentué la crainte de ne pas convenir, d'être rejeté.

Enfin, si le milieu familial ou, plus spécifiquement, les parents désirent à la place de l'enfant, rêvent qu'il devienne médecin, ingénieur, avocat, secrétaire, agriculteur, se marie avec un conjoint de tel ou tel milieu, connaisse telle ou telle réussite, il y a fort à parier que l'individu culpabilisera d'imaginer et, *a fortiori*, de choisir de ne pas être comme il « faut » ou comme il « faudrait ».

Avocat ou rien

Tous les hommes de sa famille sont avocats d'affaires ; son grand-père, son père, ses frères, ses cousins sont avocats d'affaires. Claude, lui aussi, a fait son droit, il est aujourd'hui avocat.

Toutefois, il ne s'est jamais senti la fibre et vit d'autant moins bien sa situation qu'il ne peut s'empêcher de se considérer médiocre comparé aux autres membres masculins de la famille.

À quarante-sept ans, Claude nourrit depuis des années un projet professionnel qui le passionnerait et tout à fait réalisable, mais qu'il ne s'autorise pourtant pas à concrétiser. On n'est pas dans sa famille autre chose qu'avocat d'affaires !

Le sentiment de faire « du mal »

L'individu culpabilise s'il fait quelque chose pour lui, dans son intérêt, pour son plaisir, car il a l'impression de faire du mal, du tort à autrui.

Ce sentiment est assez répandu dans la mesure où, dans notre culture judéo-chrétienne – nous y reviendrons –, l'individu est rapidement taxé d'égoïsme quand il pense à lui. Or nous avons quasi quotidiennement à dire non, à faire des choix, à défendre nos intérêts, bref à écouter nos besoins et nos désirs.

Les autres d'abord

Sur fond de judéo-christianisme mal compris, les *a priori* – même si les mentalités évoluent – selon lesquels il faut se sacrifier pour ses enfants, ses parents, son conjoint, son clan, son entreprise, son parti, son groupe d'obédience, induisent dès que le sujet désire, décide, fait quelque chose pour lui-même en dehors de l'intérêt apparent et/ou immédiat desdites personnes ou institutions, ce sentiment de faire du mal aux autres.

Concrètement, ce sentiment résulte souvent aussi de chantages affectifs dont l'individu a pu être l'objet : parents, partenaires, patrons possessifs et/ou dominateurs ayant distillé chez lui l'idée qu'il fallait « faire » et « être » pour eux avant d'être et de faire pour soi. De là l'idée que faire pour soi, c'est faire contre eux.

Par exemple, avoir dû se sacrifier dans l'enfance et/ou avoir vécu avec des parents fragiles ou fragilisés par un drame familial, une maladie, un divorce et/ou avoir senti chez eux une demande plus ou moins explicite de sacrifice, conduit inévitablement à un fort sentiment de culpabilité quand l'individu commence à ou décide de penser à lui. Il a alors toujours l'impression de leur faire du mal, de leur nuire ; il pense même parfois que les dites personnes peuvent en mourir !

C'était elle ou moi

Gilles a vécu seul avec une mère, depuis toujours, très dépressive. Très attaché à elle, ayant peur de la perdre, Gilles n'a eu de cesse d'essayer de l'aider, de la soutenir, de l'écouter, veillant surtout à ne pas la contrarier, à tout faire pour lui être agréable et ne pas lui poser de problème supplémentaire.

Si son attitude est généreuse et part d'un bon sentiment, il est évident que Gilles a dû top tôt jouer le rôle de l'adulte et surtout se mettre entièrement au service de sa mère dont il a perçu que les besoins primaient largement sur les siens, qu'il a ainsi très vite pris l'habitude d'étouffer.

Aujourd'hui Gilles a du mal à s'affirmer. Il a énormément de mal à dire non à un collègue qui lui demande un service, à un client qui souhaite des délais intenables, à un ami qui désire le voir à un moment où il a envie de se reposer, etc.

Les autres passent toujours avant lui et quand on questionne Gilles à ce sujet, il dit craindre véritablement de les blesser, de les léser s'il n'accède pas à leurs demandes.

Pas le droit de refuser

Juliette, ingénieur informatique, est consciente qu'en refusant la responsabilité d'une équipe plus importante, elle risque de mettre son service dans l'embarras et, sûrement aussi, d'irriter sa direction.

Elle se trouve pourtant à un moment de sa vie où, professionnellement, elle désire faire un choix différent. Juliette hésite, tergiverse, avance dans sa décision, revient en arrière. Elle se sent coupable de refuser, ne s'en sent pas le droit…

Aînée d'une famille nombreuse et de souche modeste, Juliette s'est toujours beaucoup occupée de ses frères et sœurs et elle a dû arrêter ses études pour leur permettre de pouvoir au moins continuer jusqu'au baccalauréat. Ainsi Juliette a-t-elle été habituée à devoir toujours prendre en compte les autres, sans jamais penser à elle.

Aujourd'hui elle a l'opportunité de penser à elle en priorité, or cela lui donne l'impression d'abandonner son équipe et de lui faire du tort.

Le sentiment de ne pas « avoir de droit »

L'individu peut culpabiliser parce qu'il a au fond de lui un sentiment souvent vague, diffus de ne pas avoir le droit de faire, de penser, de désirer, voire de ne pas avoir de droit tout court ; la moindre expression de lui-même devenant alors objet de culpabilité.

Quoi qu'il fasse, pense, exprime, désire et surtout si ses actes, pensées, désirs vont dans le sens d'une affirmation et d'une réalisation personnelle, l'individu se sent en faute et culpabilise.

Quand l'individu éprouve le sentiment de ne pas avoir de droit, il se sent en général plus fortement coupable des quatre « fautes » précédemment évoquées.

■ Le manque de « place »

Le sentiment de culpabilité lié à l'impression de ne pas avoir de droit renvoie bien évidemment à des interdits très forts qui remontent, là encore, à l'enfance. Au-delà d'interdits spécifiques sur lesquels nous reviendrons, si l'individu a fait, par exemple, l'expérience d'une personnalité ou d'une institution dominatrice, écrasante, voire totalitaire, qui, parce qu'elle avait tous les droits, ne lui en a laissé aucun, il culpabilise dès qu'il envisage de prendre le droit de...

Ce sentiment de ne « pas avoir de droit » survient également lors d'histoires personnelles assez lourdes ayant donné à l'individu l'impression qu'il n'avait pas le droit d'exister, d'être vivant : enfant non désiré, survivant au décès d'un parent proche, mais aussi forte jalousie du parent du même sexe à son égard, « annexion » de l'enfant par le parent, parent pervers.

Coupable d'exister

Pour pouvoir épouser l'homme dont elle était très amoureuse, sa mère se trouve très vite enceinte de Ségolène, qui se vit très tôt comme un alibi, presque un objet, une poupée.

Ayant grandi dans le sentiment de n'avoir été qu'un prétexte, utilisée à des fins qui n'avaient rien à voir avec sa propre existence à elle, Ségolène a profondément l'impression de ne pas avoir sa « place ». Parallèlement, sa mère très séductrice avec les hommes, bien plus femme que mère, s'est depuis toujours posée en rivalité avec sa fille à qui elle a ainsi implicitement interdit de devenir une femme pour garder son pouvoir.

Ainsi Ségolène, depuis sa naissance, voire même sa conception, a-t-elle eu seulement le droit d'être là pour le « plaisir » de sa mère et de lui servir de faire-valoir.

Dès qu'elle doit exister, s'exprimer, parler en public, argumenter, faire part de ses goûts, de ses idées, Ségolène panique, perd ses moyens, n'existe plus et disparaît.

Au plan affectif, elle n'ose rien demander et se laisse entièrement « bouffer » par l'autre sans pouvoir, par exemple, mettre fin à une relation qui la fait souffrir ; au plan professionnel, elle reste dans l'ombre et ne se donne pas les moyens d'évoluer comme elle le pourrait.

Boulimique, elle fuit les situations et les personnes qui pourraient la mettre en valeur ou lui rappeler qu'elle est une femme jolie, intéressante et bien vivante. Toute perspective de montrer qu'elle existe en chair et en os et pour elle-même plonge Ségolène dans un état de culpabilité terrible qui l'inhibe totalement.

De quoi vous sentez-vous particulièrement coupable ?

◆ **1. Avez-vous l'impression que les autres se réalisent mieux que vous ?**

a) Presque toujours ❍
b) Souvent ❍
c) Rarement ❍

■ **2. Avez-vous l'impression que vous auriez pu faire mieux ?**

a) Toujours ❍
b) Parfois ❍
c) Rarement ❍

♣ **3. Pensez-vous d'abord à vous ?**

a) Rarement ❍
b) Parfois ❍
c) Toujours ❍

◆ **4. Avez-vous l'impression que les autres sont meilleurs que vous ?**

a) Toujours ❍
b) Parfois ❍
c) Rarement ❍

★ **5. Renoncez-vous à des projets importants pour vous ?**

a) Toujours ❍
b) Souvent ❍
c) Rarement ❍

▲ **6. Faites-vous tout pour ne pas vous faire remarquer ?**

a) Toujours ❍
b) Souvent ❍
c) Rarement ❍

◆ **7. Êtes-vous content(e) de vous ?**

a) Rarement ❍
b) Parfois ❍
c) Toujours ❍

■ **8. Avez-vous tendance à vous comparer ?**

a) Toujours ❍
b) Parfois ❍
c) Rarement ❍

★ **9. Vous arrive-t-il de ne pas penser à votre intérêt ?**

a) Souvent ❍
b) De temps en temps ❍
C) Très rarement ❍

♣ **10. Avez-vous le sentiment d'être « égoïste » ?**

a) Très souvent ❍
b) Parfois ❍
c) Rarement ❍

▲ **11. Souffrez-vous d'être différent(e) des autres ?**

a) Beaucoup ❍
b) Un peu ❍
c) Pas du tout ❍

◆ **12. Êtes-vous surpris(e) de réussir ce que vous entreprenez ?**

a) Toujours ❍
b) Parfois ❍
c) Rarement ❍

■ **13. Avez-vous l'impression que vous n'en faites jamais assez ?**

a) Toujours ❍
b) Parfois ❍
c) Rarement ❍

♣ **14. Craignez-vous *a priori* de blesser les autres ?**

a) Toujours ❍
b) Souvent ❍
c) Rarement ❍

★ **15. Vous culpabilisez-vous quand vous demandez quelque chose ?**

a) Beaucoup ❍
b) Un peu ❍
c) Pas du tout ❍

◆ **16. Manquez-vous de confiance en vous ?**

a) Toujours ❍
b) Parfois ❍
c) Rarement ❍

■ **17. Vous faites-vous des reproches ?**

a) Toujours ❍
b) Parfois ❍
c) Rarement ❍

▲ **18. Faites-vous tout pour éviter de choquer ?**

a) Toujours ❍
b) Souvent ❍
c) Jamais ❍

◆ **19. Vous étonnez-vous quand on vous fait des compliments ?**

a) Toujours ❍
b) Parfois ❍
c) Rarement ❍

★ **20. Vous culpabilisez-vous quand vous faites valoir vos droits ?**

a) Toujours ❍
b) Souvent ❍
c) Jamais ❍

■ **21. Avez-vous l'impression de vous être trompé(e) ?**

a) Toujours ❍
b) Parfois ❍
c) Rarement ❍

♣ **22. Craignez-vous de faire du tort aux autres ?**

a) Toujours ❍
b) Souvent ❍
c) Jamais ❍

▲ **23. Avez-vous tendance à « gommer » ce que vous êtes ?**

a) Toujours ❍
b) Souvent ❍
c) Rarement ❍

◆ **24. Vous étonnez-vous du fait que l'on tienne à vous ?**

a) Toujours ❍
b) Parfois ❍
c) Rarement ❍

■ **25. Doutez-vous de ce que vous pensez ?**

a) Toujours ❍
b) Parfois ❍
c) Rarement ❍

■ **26. Avez-vous peur des critiques ?**

a) Toujours ❍
b) Parfois ❍
c) Rarement ❍

★ **27. Vous culpabilisez-vous à l'idée d'avoir de la chance ?**

a) Beaucoup ❍
b) Un peu ❍
c) Pas du tout ❍

♣ **28. Quand vous vous affirmez, avez-vous l'impression que quelqu'un pourrait en pâtir ?**

a) Toujours ❍

b) Souvent ❍

c) Jamais ❍

▲ **29. Cherchez-vous à être dans le consensus ?**

a) Toujours ❍

b) Souvent ❍

c) Jamais ❍

■ **30. Doutez-vous de ce que vous faites ?**

a) Toujours ❍

b) Parfois ❍

c) Rarement ❍

◆ **31. Avez-vous tendance à penser que ce que vous avez réalisé ne compte pas ?**

a) Toujours ❍

b) Parfois ❍

c) Rarement ❍

★ **32. Vous culpabilisez-vous à l'idée de réussir ?**

a) Beaucoup ❍

b) Un peu ❍

c) Pas du tout ❍

♣ **33. Avez-vous tendance à « protéger » l'autre, l'excuser, ne pas voir ses torts, etc. ?**

a) Toujours ❍

b) Souvent ❍

c) Jamais ❍

▲ **34. Aimeriez-vous être différent(e) ?**

a) Toujours ❍
b) Souvent ❍
c) Rarement ❍

■ **35. Doutez-vous de ce que vous dites ?**

a) Toujours ❍
b) Parfois ❍
c) Rarement ❍

▲ **36. Avez-vous tendance à faire des choix qui, au fond, ne vous conviennent pas ?**

a) Toujours ❍
b) Souvent ❍
c) Jamais ❍

★ **37. Vous culpabiliseriez-vous de faire, de vivre exactement ce que vous désirez ?**

a) Sûrement ❍
b) Probablement ❍
c) Probablement pas ❍

♣ **38. Pensez-vous au fait que vous pourriez léser les autres ?**

a) Toujours ❍
b) Parfois ❍
c) Jamais ❍

■ **39. Avez-vous tendance à vous critiquer ?**

a) Toujours ❍
b) Parfois ❍
c) Rarement ❍

♣ **40. Pourrait-il vous venir à l'idée qu'en disant ce que vous pensez, ou en faisant ce que vous voulez, une personne de votre entourage pourrait en tomber malade ?**

a) Sûrement ❍
b) Probablement ❍
c) Probablement pas ❍

▲ **41. Même si cela ne vous plaît pas, avez-vous tendance à faire ce que l'on attend de vous ?**

a) Toujours ❍
b) Souvent ❍
c) Jamais ❍

★ **42. Vous culpabilisez-vous quand vous avez à vous affirmer ?**

a) Toujours ❍
b) Souvent ❍
c) Jamais ❍

Résultats

La (ou les) série(s) où vous avez obtenu le plus de points indique(nt) votre tendance la plus marquée.

Comptez 3 points pour les réponses a, 2 points pour les réponses b, 1 point pour les réponses c.

Faites le total des points pour les questions losange, carré, trèfle, triangle, étoile.

▸ **Vous totalisez entre 24 et 16 points** – Vous avez une très forte tendance à culpabiliser surtout parce que :

- ◆ : vous ne vous sentez jamais assez bien,
- ■ : vous avez toujours l'impression de « mal » faire,
- ♣ : vous avez toujours l'impression de ne pas être comme il faut,
- ▲ : vous avez toujours peur de faire du mal aux autres,
- ★ : vous avez toujours le sentiment de ne pas avoir de droit.

- **Vous totalisez entre 16 et 8 points** – Vous avez tendance à vous sentir coupable plutôt parce que :
  - ◆ : vous ne vous sentez pas assez bien,
  - ■ : vous avez l'impression de « mal » faire,
  - ♣ : vous avez l'impression de ne pas être comme il faut,
  - ▲ : vous avez peur de faire du mal aux autres,
  - ★ : vous avez le sentiment de ne pas avoir de droit.
- **Vous totalisez entre 8 et 0 points** – Vous n'avez pas ou peu tendance à culpabiliser parce que :
  - ◆ : vous ne vous sentez pas assez bien,
  - ■ : vous avez l'impression de « mal » faire,
  - ♣ : vous avez l'impression de ne pas être comme il faut,
  - ▲ : vous avez peur de faire du mal aux autres,
  - ★ : vous avez le sentiment de ne pas avoir de droit,

Deuxième partie

D'où vient le sentiment de culpabilité ?

Nous pouvons nous demander pourquoi, surtout une fois devenus adulte, nous culpabilisons aussi fréquemment.

Même quand nous avons de réels reproches à nous faire, nous pourrions nous sentir simplement responsables plutôt que nous sentir en faute. Nous ne devrions pas nous torturer des jours entiers pour savoir si nous allons accepter ou refuser une proposition alors que, la plupart du temps, nous savons au fond de nous ce que nous désirons ; ou parce que nous avons le sentiment de ne pas avoir été à la hauteur. Même en cas d'erreur, d'insuffisance objective, il serait plus simple de réagir avec spontanéité, de chercher et de proposer des solutions. Il serait aussi plus épanouissant et plus constructif de dire, d'exprimer ce que nous pensons, de vivre ce que nous souhaitons plutôt que de culpabiliser. Tout cela, nous le savons.

Il existe de multiples raisons à l'origine du sentiment de culpabilité ; c'est pourquoi peu d'entre nous échappent à ce syndrome d'autant que certaines personnes ont une grande capacité à culpabiliser les autres en les infantilisant ou en abusant de leur « pouvoir ».

Chapitre 4

Un terrain fertile

Se sentir coupable, c'est se soumettre au jugement de celui qui va sanctionner notre faute. Le terreau culturel – avec ses lois, ses valeurs, ses interdits – sur lequel grandit un individu est plus ou moins propice au développement de la culpabilité. Certaines cultures et civilisations favorisent plus que d'autres la tendance à la culpabilité. D'une culture à l'autre, ce ne sont pas non plus les mêmes faits qui culpabilisent l'individu. Dans nos sociétés occidentales, l'influence judéo-chrétienne avec la force des interdits et des « lois » qui en découlent, crée un terreau commun plutôt propice à la culpabilité.

L'éternelle idée de « faute »

Nous vivons tous avec l'idée de la faute originelle. Enfantés dans la douleur d'une part, nous sommes tous, d'autre part, depuis Adam et Ève, marqués par le péché originel. Si nous sommes plus ou moins conscients de l'influence de la notion de péché sur notre sentiment de culpabilité, il convient de ne pas être dupe ; en être conscient ne retire rien à sa force.

Oui, nous vivons – encore – dans une société empreinte de culpabilité et nous avons tendance à nous défendre par avance de ce qui pourrait nous être reproché, à nous punir du moindre écart, voire à culpabiliser les autres comme nous nous culpabilisons nous-mêmes. Pourquoi tant de personnes passent-elles à côté de leur désir, parfois de leur « vie », si ce n'est par culpabilité ? Pourquoi voyons-nous les individus dépenser tant d'énergie à se défendre, à se justifier, si ce n'est par culpabilité ? En bref, pourquoi préférons-nous nous culpabiliser au lieu de nous responsabiliser ?

Le fameux complexe d'Œdipe

À l'origine de la culpabilité, en tous cas de l'une de ses formes, se cache le fameux complexe d'Œdipe. Celui-ci n'est rien d'autre que l'intériorisation, pendant l'enfance, de l'interdit de l'inceste.

Si l'on partage avec Freud, qui en a fait le noyau central de sa théorie, l'idée que tout enfant – à l'image du mythe grec d'Œdipe, qui tue son père puis épouse sa mère –, désire le parent du sexe opposé mais que, sachant ce désir interdit, il en tire une culpabilité latente surtout si son père incarne pour lui une forte image d'autorité, il n'est pas étonnant que tout adulte ait un fond de « culpabilité », surtout si l'on considère qu'au-delà de ce qu'il sait interdit, l'hostilité générée à l'égard du parent du même sexe est elle aussi génératrice de culpabilité.

De plus si l'enfant ressent, devine son parent de sexe opposé au sien non comblé, frustré, malheureux – un père âgé, absent, non aimant ; une mère froide, « frigide », sèche, peu « femme » ; ou l'un trompant l'autre, etc. –, il sent alors possible de prendre une place privilégiée auprès dudit parent et le complexe souvent plus fort et mêlé d'une culpabilité accrue se dépasse d'autant moins facilement.

Même si cette théorie a fait l'objet d'un certain nombre de remises en cause par des psychanalystes plus tardifs[1], il n'en demeure pas moins vrai que dans nos sociétés occidentales du moins, ce complexe reste à l'origine de nombreuses culpabilités, ne serait-ce que dans le domaine du plaisir sexuel. Par ailleurs, il est certain que plus l'enfant est élevé dans un milieu où la sexualité est taboue, vécue comme un péché, plus la culpabilité liée à ce complexe risque d'être forte.

1. Carl Gustav Jung, Alfred Adler, Otto Rank et, plus tard l'anti-psychiatrie, incarnée par Gilles Deleuze et Félix Guattari, ont refusé de donner à l'Œdipe le rôle crucial que lui donnait Freud.

Coupable comme un petit garçon

Pascal, expert-comptable, a peur de son supérieur hiérarchique et de toute personne incarnant l'autorité. Il ne réussit pas à lui parler simplement, à lui faire part de ses idées, à poser des questions, à dire ce qu'il pense, à mettre des limites quand cela s'avère nécessaire. En sa présence il perd même, au-delà de ses intentions initiales, tout réflexe professionnel, il panique et bredouille. Il stresse littéralement avant toutes les réunions, craignant sans arrêt une remarque, une réprimande, un jugement négatif.

Pascal a conscience de se comporter devant son patron presque comme un enfant et de culpabiliser en permanence avec la crainte perpétuelle d'être pris en défaut alors qu'il n' a objectivement rien à se reprocher.

Dans sa vie conjugale et sexuelle, il ne se sent pas non plus très épanoui ; sa femme lui en fait d'ailleurs le reproche. Pascal sait, là aussi, qu'il ne se sent pas assez libre et qu'il n'ose pas vraiment connaître de plaisir. Il a de ce fait tendance à rêver d'aventures avec d'autres femmes, ce qui contribue à le culpabiliser aussi énormément, même s'il ne passe pas à l'acte.

Issu d'une famille nombreuse de la bourgeoisie rurale, Pascal a toujours perçu son père comme un patriarche violent, assez peu accessible, d'autant qu'il travaillait beaucoup et était souvent absent.

Petit garçon élevé dans la nature, sensuel, sensible, rêveur, Pascal est très proche de sa mère à qui il ressemble, avec qui il passe beaucoup de temps et que, de surcroît, il ne sent pas heureuse.

Dans un tel contexte, Pascal a connu, enfant, un Œdipe assez fort et une culpabilité d'autant plus importante qu'ayant peur de son père, il aurait bien aimé l'envoyer au diable et ne jamais le voir revenir ! Pascal s'est senti d'autant plus coupable que la sexualité, dans son milieu, était on ne peut plus taboue et il redoutait d'autant plus un châtiment que son père avait, avec lui, un comportement plutôt dominateur et castrateur.

Voilà pourquoi, aujourd'hui, Pascal éprouve en toutes circonstances un sentiment de culpabilité et pourquoi il a peur d'être un « homme », tant vis-à-vis de son patron que dans ses relations avec sa femme avec qui il dit lui-même se comporter comme un « petit garçon ».

Encore peur de sa mère

Bernadette n'est pas mariée et n'a pas d'enfant. À 38 ans, elle ne se vit pas comme une « femme », craint d'être une femme et culpabilise même quand elle désire s'acheter un vêtement un peu féminin ou quand elle a de temps en temps envie de se maquiller.

Enfant, elle s'imaginait avoir une place très privilégiée auprès de son père, dont elle dit fréquemment qu'il était « amoureux » d'elle. Ces pensées ne pouvaient manquer de générer chez elle, surtout dans la mesure où elle savait les relations intimes entre ses parents inexistantes, une forte culpabilité et, par conséquent, une grande peur de sa mère.

Bernadette a probablement craint d'autant plus une sanction de la part de sa mère que cette dernière, autoritaire et dure, a toujours tout fait pour la maintenir dans un état de « petite fille » obéissante, docile et même, d'une certaine façon, asexuée. Jamais elle n'a valorisé Bernadette en tant que fillette, et encore aujourd'hui elle ne la reconnaît ni ne la valorise vraiment en tant que femme, critiquant dès qu'elle le peut, pour n'évoquer que cela, ses dépenses pour un vêtement, un coiffeur ou ses envies de créativité.

Bernadette culpabilise encore aujourd'hui d'autant plus d'être une femme que sa mère, ayant épousé son mari plus par contrainte que par amour et n'ayant par conséquent pas vécu elle-même sa vie de femme, lui a toujours en quelque sorte interdit d'en être une. Cet interdit inconscient, qui existait déjà dans son enfance, n'a probablement pas manqué de renforcer la culpabilité de Bernadette quant à son « désir » de petite fille ou plutôt de « petite femme » pour son père ; d'autant que son affection pour sa mère était mitigée compte tenu des comportements et des intentions qu'elle avait à son égard et que Bernadette pressentait bien.

Quand un jour Bernadette reconnaît simplement, presque en riant, le « désir » qu'elle a eu petite pour son père, sa culpabilité et la peur qu'elle a eue de sa mère… elle rencontre son ami.

L'incontournable influence de la culture ambiante

Sans même parler des lois, toute société a sa culture et toute culture produit ses normes, ses modèles, ses valeurs, ses codes, ses interdits, transmis eux-mêmes essentiellement par la famille, le milieu religieux, l'école. Ces « règles » changent d'une époque à l'autre, d'une civilisation à l'autre mais restent puissantes et influencent inévitablement l'individu qui a, plus ou moins explicitement, le devoir de les respecter, de s'y conformer, de les adopter, sans quoi il risque de se sentir en « faute ».

Parfois l'individu les fait siennes parce qu'elles lui conviennent, parfois il s'y soumet... mais il est rare qu'il ne culpabilise pas dès qu'il les remet en question ou désire en changer.

L'influence des normes

Les normes délimitent l'espace dans lequel les individus d'une même communauté, quelle qu'en soit la taille, doivent « normalement » se mouvoir, penser et agir. Si elles sont bel et bien nécessaires dans la mesure où il n'est pas structurant pour un individu d'être en tout point hors norme, elles n'en demeurent pas moins limitatives et ne peuvent englober ou recouper la richesse des désirs personnels. Les normes imprègnent sans que nous en ayons toujours conscience la manière de se comporter, de vivre les relations affectives, la représentation que l'on se fait de la réussite professionnelle et de la réussite tout court.

Quand l'individu n'est pas dans les normes, il n'est pas considéré – ou pire, il ne se considère plus lui-même – comme « normal ». Or, dès que nous ne sommes pas dans la norme, dans les normes – et les autres n'oublient pas, en général, de nous le rappeler –, la plupart du temps nous nous culpabilisons. Dès que nous avons, par rapport aux cadres proposés, le sentiment d'en faire « trop », « trop peu », d'agir « trop tôt », « trop tard », « trop vite », « pas assez vite », nous nous culpabilisons : « Normalement, je devrais... », « Avec mon diplôme, je devrais en être... », « À mon âge, je ne devrais pas me poser ce type de questions », etc.

L'importance des modèles

Le modèle représente ce à quoi nous devons ressembler. C'est « faire comme », « être comme », « penser comme »... Si la norme est la limite dans laquelle nous sommes censés faire ou ne pas faire telle ou telle chose, le modèle est la manière dont nous devons nous y prendre. Les modèles comme les normes sont très puissants – modèles de relation, de réussite, de couple, d'éducation des enfants, de réalisation, d'équilibre personnel.

Consciemment ou non – mais la plupart du temps, en fait, inconsciemment –, nous vivons sous leur influence et nous culpabilisons dès que nous ne nous y conformons pas. Un dirigeant d'entreprise peut ainsi se culpabiliser de ne pas être satisfait de son sort ou d'être mal dans sa peau, et d'avoir envie de se lancer, par exemple, dans la création d'une librairie alors que son statut représente, au regard d'une majorité de personnes, un modèle de réussite sociale et professionnelle ! Une femme de trente-huit ans vivant maritalement peut culpabiliser parce qu'elle n'a pas envie d'enfant... Un homme d'âge mûr peut culpabiliser, alors qu'il est toujours très attaché à sa femme, de désirer ne plus vivre sous le même toit, etc.

Il faut une grande liberté existentielle, une grande autonomie de pensée, pour oser vivre ses désirs en dehors des formules imposées.

Si les modèles d'une époque donnée, dans un système culturel donné, sont partagés dans leurs grandes lignes par une majorité d'individus, ils diffèrent malgré tout à la fois en fonction du milieu d'origine de l'individu et du milieu dans lequel il évolue au présent.

S'avouer son désir

Isabelle est responsable des ressources humaines de son entreprise. À trente-cinq ans, elle dit avoir jusque-là très bien mené sa carrière. Or, on vient de lui proposer un poste de responsable du personnel sur un site important, ce qui serait sans doute pour elle la dernière étape avant d'atteindre l'objectif qu'elle s'était fixé au terme de ses études : devenir directeur des ressources humaines.

Elle est fière qu'on lui ait fait cette proposition mais elle se pose des questions et traverse une véritable crise. Prête à atteindre son but, elle prend conscience qu'une grande partie du poste de direction des ressources humaines ne lui convient pas ; notamment l'aspect négociation avec les partenaires sociaux ainsi que sa dimension politique. Ce qu'elle aime, c'est le terrain et la relation aux autres : orienter, conseiller, « coacher ».

Isabelle a du mal à admettre cette réalité et culpabilise énormément à l'idée de refuser éventuellement ce poste considéré, dans son milieu, comme la seule et réelle évolution de carrière digne de ce nom. Elle se bat avec elle-même et ne parvient pas à s'avouer son désir d'avoir un parcours différent de celui que, normalement – compte tenu de son niveau d'études et de ses potentiels (dont elle est consciente) –, elle devrait souhaiter.

Chapitre 5

Le poids de l'histoire personnelle

Même si la tendance à se culpabiliser existe chez la plupart d'entre nous, des drames familiaux, des figures parentales agressives et violentes et des modes d'éducation normatifs et infantilisants sont à l'origine de fortes culpabilités.

Les drames et les secrets familiaux

La racine la plus profonde de la culpabilité est toujours à rechercher dans la petite enfance à l'époque où l'enfant, par nature égocentrique, a inévitablement tendance à se croire au centre des évènements et, par conséquent, à s'en croire responsable. De fait, si l'enfant développe un sentiment de culpabilité, c'est en partie parce que, se pensant au centre du monde, il nourrit l'illusion qu'il est responsable de tout. Tel est ce qui se produit lors de souffrances, difficultés, drames familiaux : le décès prématuré de l'un des parents, d'un frère, d'une sœur, la maladie, la dépression d'une mère, l'alcoolisme d'un père, le divorce ou la mésentente conjugale, des ruptures dans la vie familiale comme la nécessité de quitter un pays, etc.

Avoir eu une responsabilité et une influence négative sur la vie des parents génère également un sentiment de culpabilité : avoir, par sa naissance, provoqué un mariage prématuré et/ou non désiré, être un enfant adultérin, avoir empêché sa mère du fait d'une maladie grave et précoce, de poursuivre des études ou de continuer à travailler, etc.

L'enfant a, en effet, tendance à se croire coupable comme si tous les évènements négatifs dont il est le témoin étaient de sa faute. Il vit d'autant plus fortement cette culpabilité qu'il est alors totalement impuissant à éliminer une souffrance qui le touche lui et ses proches.

De fait, dans un sentiment de toute-puissance propre à l'enfance, il développe l'illusion de tout pouvoir ; en l'occurrence réparer, combler, rendre heureux, se faire aimer... c'est pourquoi il culpabilise quand il réalise qu'il ne peut faire en sorte, par exemple, que son père revienne, que sa mère guérisse, etc. Au lieu de reconnaître qu'il n'y peut rien, abandonnant ainsi son fantasme de toute-puissance, il préfère en quelque sorte se sentir « coupable » et garder ainsi l'illusion de la toute-puissance : il fait le choix d'être coupable plutôt qu'impuissant.

Ainsi la culpabilité, au-delà de la réelle souffrance qu'elle génère, masque-t-elle souvent un sentiment d'impuissance non assumé et un besoin de contrôle.

En dehors des drames et d'évènements familiaux douloureux et négatifs, les personnes non désirées, non reconnues, abandonnées, ont un fort sentiment de culpabilité d'exister et ont du mal à prendre leur place, partant du principe qu'elles n'y ont pas droit, qu'elles ne le méritent pas. Des secrets familiaux, des « culpabilités » ancestrales forgent également chez le sujet de forts sentiments de culpabilité : viols, abandons, adultères, incestes, enfants naturels, adoptions, attitudes immorales gardées secrètes mais qui traversent les inconscients.

À s'en rendre malade

Claudine est venue au monde alors que ses parents avaient à peine 19 ans. Elle a l'impression d'avoir obligé sa mère, par son arrivée précoce, à interrompre ses études et à devoir, par conséquent, exercer un métier qu'elle n'aimait pas.

Fortement consciente que sa mère a été contrainte d'épouser son père qu'elle n'a, en réalité, jamais aimé, Claudine se sent responsable du « malheur » de ses deux parents. Sa mère, par ailleurs, ne s'est jamais privée de lui préférer son frère né plusieurs années après. Coupable et non aimée, tel est le lot de Claudine.

Ainsi, chaque fois qu'elle a l'impression de ne pas avoir satisfait au désir de son patron, de son fils, de son mari, d'une collègue qu'elle aime bien, elle ne dort plus et s'en rend malade. Elle se sent coupable de manière entièrement disproportionnée, comme si elle les empêchait carrément de vivre et d'être heureux, avec chaque fois, en prime, le sentiment douloureux que, décidément, elle ne pourra gagner leur amour !

Décider de gâcher sa vie

Michèle a 44 ans et vit, comme elle le dit, une « vie médiocre ».

Dans une relation affective depuis des années avec un homme marié qui la fait souffrir et qui n'a rien à lui donner, mais qu'elle ne réussit pas à quitter ; commerciale dans une société pharmaceutique, poste qui l'ennuie et pour lequel elle ne se sentait absolument pas faite, Michèle, toujours habillée de vêtements sombres, ne se réalise pas et est consciente de gâcher da vie. Passionnée de dessin, elle ne se décide même pas à s'inscrire à des cours.

Toujours peur de déranger, toujours en train de s'excuser ; d'être d'arrivée trop tôt, trop tard. C'est à peine si on l'entend quand elle parle. Michèle porte le prénom de la sœur de son père, sa tante « Michèle », décédée à l'âge de 29 ans alors qu'elle était jeune médecin et qu'elle venait d'avoir un bébé. Michèle, elle, a raté sa médecine et erre dans la vie depuis toujours, un peu comme un fantôme. Petite, elle a entendu parler du décès de sa tante mais elle n'avait jamais pris la mesure de sa culpabilité à vivre ni pris conscience de la raison pour laquelle, inconsciemment, elle avait jusqu'à présent choisi de gâcher sa vie, elle aussi de la perdre.

Les carences affectives

Des carences affectives, des manques de soutien, d'appuis, favorisent également l'apparition de la culpabilité, du moins créent un terrain particulièrement propice à la culpabilisation.

En effet, l'individu ne se sentant pas aimé a tendance à se penser lui-même en faute de ne pas être suffisamment aimable, intéressant, à la hauteur précisément pour être aimé, et à s'en sentir coupable. Souvent les personnes ne s'étant pas senties aimées pour elles-mêmes développent, outre un manque de confiance en elles, un sentiment de culpabilité lié à la faute de ne pas être assez bien pour être apprécié, entouré ; « l'autre ne m'aime pas parce que je ne suis pas assez bien, c'est donc moi qui suis en faute ». S'il ne se sent pas aimé, un enfant pense toujours, là aussi, qu'il en est responsable.

D'autre part, en quête permanente d'amour, d'affection, de reconnaissance, et dans la crainte de ne jamais avoir fait ce qu'il faut, de ne pas être ce qu'elles devraient être précisément pour être aimées, ces personnes se mettent souvent elles-mêmes dans un système de culpabilisation ; « pour qu'il m'aime, je devrais... », « pour être reconnu, il faudrait que je sois davantage ceci ou cela... », etc.

Ces personnes carencées affectivement ont plus que d'autres tendance à culpabiliser dans la mesure où elles ne sont jamais sûres d'elles, jamais sûres d'être dans leur bon droit, dans le vrai, jamais certaines d'avoir raison. Doutant toujours d'elles-mêmes, n'ayant pas confiance en elles, elles risquent aussi de laisser davantage d'espace, de pouvoir aux autres qui peuvent en profiter alors pour les culpabiliser, d'autant que le chantage affectif, là aussi, se fait plus facile.

Mais pourquoi m'ont-ils rejetée ?

Le père de Sabine a quitté sa mère avant sa naissance, elle ne l'a donc jamais connu. Sa mère n'a jamais accepté cet abandon douloureux. Sabine, aujourd'hui divorcée, se sent toujours coupable vis-à-vis de son ex-mari face auquel elle a du mal à défendre ses intérêts, de sa fille, des hommes qu'elle rencontre, persuadée que tout ce qui ne va pas dans les relations est de sa faute : sa mésentente conjugale, les conflits avec sa fille, le non-amour, les abandons des hommes avec qui elle a des aventures, les ruptures, les tensions avec ses amis, sa solitude parfois. Sabine se torture en permanence et somatise beaucoup.

Elle doute sans arrêt de ce qu'elle a fait, dit, de ses qualités, de ses réactions ; elle ne peut s'empêcher de penser que si elle a été rejetée, il y a une raison qui lui incombe personnellement.

Forte exigence et manque de confiance en soi

Quand le sujet, quels que soient sa situation objective, ses qualités, son degré de réussite, les marques de reconnaissance dont il est l'objet, reste très exigeant vis-à-vis de lui-même, souvent enclin à culpabiliser parce qu'il n'est pas comme il souhaiterait être, qu'il ne correspond pas à l'image qu'il a de lui-même et/ou à celle qu'il aimerait donner, qu'il ne vit pas ce qu'il désire... il manifeste en quelque sorte une attitude d'hyper-responsabilisation vis-à-vis de lui-même. Cette attitude, la plupart du temps, correspond – même si elle le fait souvent évoluer et si elle résulte, dans la majeure partie des cas, d'un niveau de conscience élevé et d'exigences fortes pour lui-même – à un désir inconscient d'être aimé, autrement dit à la culpabilité larvée de ne pas l'être et pour ce faire, au désir et au besoin d'être parfait, du moins exceptionnel.

S'il s'est senti rejeté, non aimé, l'individu – nous l'avons évoqué – en tire une forme de culpabilité de ne pas être à la hauteur, suffisamment intéressant, digne d'être aimé. Pire encore s'il ne s'est pas senti le droit d'exister parce qu'il n'a pas été désiré.

Ce sentiment de ne pouvoir être aimé pour soi-même est souvent à la base de stratégies inconscientes qui consistent alors d'exiger de soi énormément, à la fois pour rehausser l'image qu'on a de soi et pour mériter enfin l'amour, gagner sa place affective.

La plupart du temps ces efforts sont vains et le cercle est vicieux dans la mesure où, mettant la barre très/trop haut, le sujet a tendance à être en permanence insatisfait et de nouveau en état de culpabilité permanente de n'être pas comme il le souhaiterait, toujours miné par l'idée qu'il aurait pu faire mieux.

Coupable de ne pas avoir confiance en elle

Assistante marketing, 37 ans, Sylvie vit seule et dit culpabiliser ; non pas tant du fait d'être seule que de ne rien faire pour rencontrer quelqu'un, de ne pas au fond d'elle-même se sentir prête et, surtout, de se savoir immature et de ne pas se sentir capable d'aimer. Elle se sent en « faute » de ne pas faire ce qu'elle sait devoir faire pour combler ses désirs non réalisés.

D'un côté, sa conscience et son honnêteté l'aident à avancer et à mieux prendre sa vie en main ; de l'autre, Sylvie, presque trop exigeante avec elle-même, vit d'autant plus mal le fait de ne pas mieux contrôler sa vie. Elle s'en veut de ne pas avoir davantage confiance en elle et d'avoir des réactions infantiles même dans son milieu professionnel, d'être à son âge aussi immature. Elle porte sur elle un jugement très dur, ce qui la freine dans la mesure où elle nourrit ainsi en permanence une perception trop négative d'elle-même.

Quand on creuse un peu son histoire, Sylvie ne s'est jamais sentie intéressante ni exister aux yeux de son père. Son exigence – réelle – liée à son honnêteté intellectuelle et à ce qu'elle désire profondément pour elle, masque subtilement une non-estime de soi et un désir d'être parfaite pour obtenir et contrôler l'amour de son père à son égard.

Les parents culpabilisants

Des parents culpabilisants, infantilisants ou dominateurs créent un terrain propice à la culpabilisation.

Il existe mille combinaisons possibles :

- un parent enclin aux reproches, jouant sur la sanction, utilisant beaucoup la culpabilisation pour être obéi et obtenir ce qu'il souhaite, favorise le sentiment de culpabilité ;
- une famille exigeante tant pour elle que pour les autres, avec une perception d'elle-même trop ou pas assez positive, développe le sentiment de culpabilité et la tendance à la culpabilisation ;
- un parent très dominateur qui pense, sait à notre place et qui, pour notre bien, a toujours dicté notre manière de faire, de penser, d'agir, incite à la culpabilisation ;
- des parents élevés eux-mêmes dans la culpabilité avec une forte tendance à se culpabiliser, à se justifier, à s'excuser de leurs plaisirs ou à les payer, alimentent un sentiment de culpabilité ;
- un ou des parents très normatifs, rigides et autoritaires rendent sensibles à la culpabilisation ;
- des parents qui expriment peu leurs sentiments et/ou avec lesquels le dialogue est inexistant ou difficile, également.

Il est évident que si l'éducation est particulièrement rigide, normative, empreinte de devoirs particulièrement forts sans, parallèlement, beaucoup de liberté d'expression, l'individu a davantage tendance à vivre dans la culpabilité et à culpabiliser.

Pas le droit de s'affirmer

Pierre-Louis, une trentaine d'années, a déjà très bien réussi dans sa carrière professionnelle. L'amie avec qui il vivait depuis trois ans vient de le quitter. Elle a pris cette décision en partie à cause du père de Pierre-Louis, homme extrêmement dominateur, froid, cynique et souvent humiliant auquel Pierre-Louis non seulement reste inféodé mais dont il reproduit les attitudes et les comportements.

Pierre-Louis souffre et prend conscience qu'il est resté très soumis et trop dominé par son père dont il a peur et dont il redoute toujours le jugement. Bien que lucide, il continue à subir la pression paternelle ainsi que des relations familiales plutôt impersonnelles et dénuées d'affection, qui ne lui conviennent pas.

Néanmoins, la seule idée de s'affirmer et d'être lui-même devant son père, en donnant son point de vue par exemple, en exprimant certains de ses désirs ou en refusant certains rituels dominicaux qui, chaque fois, le laissent vidé de toute énergie, le culpabilise terriblement.

Aussi Pierre-Louis fait-il tout pour éviter cette confrontation et trouve-t-il des tas d'excuses : son père ne comprendra pas ses réactions, il risque de mal les interpréter, de se sentir lui-même coupable ou bien encore : il est trop tard, le mal est fait, sa mère aura du chagrin si elle voit que les relations familiales se dégradent, etc.

À l'écouter, il semble parfois que le seul droit qu'ait eu Pierre-Louis a été de se soumettre à l'autorité et au regard critique de son père avec l'unique devoir de ne jamais le contrarier.

Chapitre 6

« Devoirs » et interdits

Si l'on nous donne, si nous nous donnons si souvent à nous-mêmes le sentiment d'être en faute, c'est – nous l'avons vu – que nous pensons ne pas avoir fait ou ne pas faire notre devoir – pour ne pas dire comme à l'école, « nos devoirs » – et que nous craignons une sanction si nous ne les remplissons pas.

Pour pouvoir se libérer, il est bon d'être conscient que le mécanisme de la culpabilité provient toujours de l'impression de ne pas faire, quelles qu'en soient la nature et l'ampleur, son « devoir » ou ce que l'individu croit être son devoir : être ponctuel, rendre l'autre heureux, ne pas le décevoir, réussir, ne pas exister… Que nous en ayons conscience ou non, il existe pour chacun une multiplicité de devoirs à remplir.

Au-delà du respect des lois, des normes et des modèles de notre société, de notre milieu, de notre communauté, auxquels nous avons le devoir de nous conformer, des valeurs dominantes que nous avons le devoir d'adopter, il existe des devoirs familiaux partagés plus spécifiquement par les membres d'une même famille, des devoirs « personnels » qui incombent en particulier à l'individu et que le sujet se donne à lui-même.

Les devoirs de « famille »

Parallèlement aux règles, aux conventions sociales transmises plus ou moins par la cellule familiale, il existe des devoirs spécifiques, des normes particulières à chaque famille liés bien sûr à son histoire : devoir de réussite, d'humilité, de sacrifice, de maîtriser ses émotions, de ne pas montrer ses sentiments, de ne pas se faire plaisir, etc.

Il n'est pas simple de s'en libérer : même quand le sujet en a pris conscience et quand il en « rit », ces devoirs de « famille » restent longtemps prégnants.

Ah, si j'étais parfaite…

Laurence, étudiante en médecine, réussit très bien dans ses études et est très en avance sur beaucoup de plans : études, maturité, qualité de relations, ouverture aux autres.

Mais elle culpabilise sans arrêt, même là où elle n'a vraiment rien à se reprocher, bien au contraire… Elle se trouve trop ambitieuse, trop orgueilleuse, pas assez mature dans ses relations, pas assez « cool » avec son petit ami, etc. On a le sentiment qu'elle ne pourrait être satisfaite que si elle était parfaite.

Fille unique, élevée dans une exigence d'excellence en tous domaines, elle se sent coupable dès qu'elle perçoit la moindre insuffisance, que ce soit dans sa vie privée ou dans ses études. Elle a le sentiment d'être dépositaire d'une loi familiale selon laquelle aucune faille n'a le droit de cité.

Oser faire le choix de partir

Bernard, 45 ans, directeur industriel, a pris il y a deux ans un poste à l'étranger qui lui convient vraiment et dont il avait toujours rêvé.

Issu d'un milieu paysan, aucun membre de sa famille n'a quitté la terre et tous sont restés dans la même région. Avoir choisi, à l'âge de 25 ans, de venir travailler à Paris, en entreprise, avait déjà représenté une véritable transgression. Depuis Bernard s'était toujours refusé à prendre en compte son désir de partir travailler à l'étranger.

Avant de se décider à transgresser, cette fois doublement, les interdits familiaux – quitter la France et se faire plaisir dans un monde où le plaisir passe après le devoir et la nécessité –, il a hésité des années. C'est seulement maintenant, au bout de deux ans, que Bernard a cessé de se demander s'il avait eu raison, s'il était vraiment fait pour ce métier et qu'il a arrêté de douter de son choix pour l'assumer aujourd'hui entièrement.

S'accorder le droit d'être heureuse

Les parents, les grands-parents, les arrière-grands-parents de Martine, agriculteurs et artisans, ont toujours énormément travaillé mais souffert d'une récurrente précarité. Par ailleurs, les femmes de sa lignée, et sa mère notamment, n'ont jamais été heureuses en mariage : trompées, bafouées, abandonnées, exploitées, délaissées ou veuves très tôt, Martine grandit avec l'idée qu'il est difficile voire impossible dans la vie d'être heureux, surtout quand on est une femme.

Martine, comme ses ancêtres, travaille beaucoup et s'accorde très peu de loisirs, alors qu'elle en a les moyens, et même si elle est très attachée à son mari certes un peu bourru, elle vit avec lui dans un conflit et des tensions permanentes. Consciente, à bientôt 50 ans, qu'elle pourrait vivre mieux, différemment, elle est toujours anxieuse, se complique la vie inutilement, ne s'autorise pas la moindre dépense inutile. Elle est dure, intraitable avec son mari à qui elle ne passe rien.

Martine s'interdit en réalité d'être heureuse et dès qu'un moment peut être agréable, un dîner plus tendre, une décision bénéfique, une dépense jouissive, elle s'arrange inconsciemment pour tout gâcher. Quand elle parvient malgré tout à se faire plaisir, elle s'angoisse à l'idée qu'elle va le payer.

Il « faut » toujours qu'elle soit dans le souci, dans l'épargne, dans la vigilance et dans une sorte d'isolement affectif à l'image de toute sa famille et de toutes les femmes de sa famille.

Les devoirs « personnels »

Parallèlement aux devoirs familiaux, il existe des devoirs « personnels », donnés, attribués, voire imposés à titre individuel : le devoir d'être fort ou faible, sérieux, parfait, raisonnable, brillant, gentil, etc., mais aussi celui de ne pas être vivant, de rester l'enfant, de ne pas devenir un individu sexué, un homme, une femme... et encore le devoir de tenir un rôle : être le soutien, le pilier, l'intellectuel, etc.

Dans la mesure où le sujet est chargé à titre personnel de ces devoirs et de ces rôles, il éprouve un fort sentiment de culpabilité dès qu'il cherche à s'en affranchir.

L'intellectuelle de la famille

Née bien après sa sœur aînée, à un moment où ses parents se sentaient financièrement plus à l'aise, Valérie, beaucoup plus douée dans les études, a également profité d'une éducation plus souple. Ainsi s'est-elle sentie très tôt coupable d'être mieux « lotie » que sa sœur qui, de son côté et probablement pour ces mêmes raisons, a toujours jalousé Valérie en la culpabilisant sans relâche dès l'enfance.

Pour combler ses parents dont le ménage allait à vau-l'eau et ne pas leur poser de problème, Valérie, qui réussit très bien dans ses études, endosse petit à petit, pour ne pas faire de vagues, le rôle de la bonne élève, à côté de sa sœur moins brillante mais dont tout le monde se plaît à dire qu'elle est l'artiste, la rêveuse de la famille.

Plus tard, pour ne pas empiéter sur le territoire de sa sœur déjà si susceptible, elle décide, bien que très attirée par un métier manuel, de faire une grande école de commerce, se sentant sans doute coupable à l'idée de décevoir ses parents et de faire de l'ombre à sa sœur.

Longtemps seule, Valérie se marie à 37 ans et ressent de plus en plus le besoin, avec sa nouvelle vie, son nouvel élan, de se lancer et de changer d'activité ; notamment de se diriger, quitte à reprendre une formation, vers un métier beaucoup plus créatif et manuel ; éventuellement aussi de quitter Paris pour partir en province.

À cette idée toutefois, Valérie qui, aujourd'hui encore, n'ose pas dire non à sa sœur et lui rend sans arrêt des services, éprouve un terrible sentiment de culpabilité, se trouve dans le flou et l'indécision la plus complète. Elle se tourmente en se demandant ce que va devenir sa sœur déjà si fragile, instable affectivement, rencontrant de fréquents problèmes financiers, si elle prend, elle, le risque de gagner moins d'argent et peut-être de partir. Comment sa sœur prendra-t-elle la chose ?

Parallèlement, Valérie a un mal fou à croire à ses désirs, à intégrer le fait qu'ils sont réels et peut-être réalisables. Étant l'intellectuelle de la famille, elle a tendance à penser que ses projets ne sont pas sérieux. Elle a toujours été le pilier, l'élément sûr et elle doit le rester.

Valérie se sent en réalité responsable de sa sœur comme si elle ne pouvait pas vivre sa vie et comme si elle devait faire ses choix en fonction d'elle, en évitant de la contrarier. Sa culpabilité est d'autant plus vive que leur mère étant assez dépressive, « absente », Valérie, bien que plus jeune, a presque toujours joué le rôle de « mère » auprès de sa sœur. De son côté sa sœur, probablement en forte carence affective, a choisi une fois pour toutes, outre son rôle de « créative » et « d'artiste », de jouer celui de la « victime » et de la « fragile », Valérie étant censée prendre celui de l'intellectuelle, de la raisonnable et du pilier avec le devoir de s'y tenir.

Les « devoirs » que nous nous imposons à nous-même

Si les devoirs qui nous sont donnés tout au long de l'enfance influencent indéniablement, du moins pendant un temps, le cours de notre vie, ceux que l'individu peut s'imposer à lui-même sont également très forts : être excellent, raisonnable, sérieux, brillant, fort, gentil en toutes circonstances, être un manuel, un intellectuel, une mère parfaite, devenir directeur, etc.

Ces devoirs fixés à soi-même expriment le plus souvent :

- Soit une demande implicite des parents ou du milieu d'origine. De fait, l'individu a intégré les devoirs qui lui ont été donnés à un tel point qu'il se les impose avec une force décuplée...
- Soit une manière de compenser ce que le sujet croit être un « manque ». Souvent le sujet se « donne » des devoirs pour être acceptable à ses propres yeux, étouffant alors parfois une autre partie de lui-même.
- Soit une manière de se faire aimer. C'est en effet en s'imposant le devoir d'être infaillible, irréprochable, que le sujet pense gagner l'amour de ses parents et ensuite l'amour des autres.

Certes, le sujet peut aussi s'imposer des devoirs qui correspondent à ses désirs, ses idéaux, à ce qu'il a envie de devenir, d'être, de faire... Si ces devoirs lui correspondent vraiment, ils s'apparentent alors davantage au désir et créent généralement une dynamique plus positive.

En tous cas, les lois que nous nous imposons à nous-même sont parfois plus tyranniques que celles imposées par d'autres. Et se rebeller contre soi-même n'est guère évident !

Être la meilleure

Anne, brillante, fille unique de parents ingénieurs, a passé avec succès ses concours ; elle est actuellement en deuxième année d'une école de renom pour devenir ingénieur à son tour. Elle travaille énormément, sort très peu, ne fréquente pratiquement personne et semble, il faut l'avouer, assez mal dans sa peau, assez peu épanouie. Très anxieuse à l'idée d'échouer, elle culpabilise si elle n'a pas obtenu la meilleure note aux examens partiels, si elle est trop fatiguée pour réviser ou bien encore si elle a pris un week-end entier pour se reposer. Ses parents sont inquiets car ils la sentent tendue et finalement assez malheureuse.

En fait, Anne s'est imposé le devoir non seulement d'être ingénieur mais aussi celui d'être la plus brillante, la première en tout et d'être irréprochable. S'est-elle imposé ce devoir pour elle-même ? Pour satisfaire ses parents ? En tous cas apparemment, ce n'est pas ce que ses parents lui demandent.

Toutefois, en approfondissant Anne prend conscience qu'elle est angoissée à l'idée de ne pas convenir. Peu communicatifs, ses parents ne l'ont guère rassurée sur le fait qu'ils l'aimaient en dehors de ses réussites. Fille unique, elle s'est sans doute sentie aussi investie du devoir de leur donner – entière – satisfaction et d'être pour eux un total sujet de fierté.

Des « devoirs » aux interdits

Plus les devoirs sont anciens, nombreux et plus l'individu a tendance à culpabiliser. Et, si ces devoirs sont très forts, ils vont se transformer en obligations, puis en interdits. Par exemple, le devoir de réussir peut se transformer en obligation de réussir et – un cran au-dessus – en interdit d'échouer.

Plus s'accumulent les devoirs, les obligations, les interdits, plus grande est la tendance à la culpabilité.

Du « devoir » à l'interdit

Devoir de	→	Obligation de	→	Interdit de
Penser aux autres	→	Penser aux autres	→	Penser à soi
Être comme les autres	→	Être comme les autres	→	Être différent
Faire son devoir	→	Faire son devoir	→	Écouter ses désirs
Être fort	→	Être fort	→	Montrer ses faiblesses
Réussir	→	Réussir	→	Échouer
Etc.				

Chapitre 7

Un environnement plus ou moins toxique

Au-delà de sa propre tendance à culpabiliser, certaines personnes – un mari, une épouse, un patron –, certains « systèmes » ou milieux – une entreprise, une famille, une belle-famille, une école… – sont particulièrement culpabilisants et infantilisants. À force d'évoluer dans ce type d'environnement, d'ambiance et de relations, le sujet peut accroître sa tendance à culpabiliser.

Si le sujet culpabilise de ne pas faire ses « devoirs » et éprouve comme un sentiment de désobéissance, c'est parce que des personnes, des milieux prennent, eux, le « droit » de le culpabiliser assez fortement ; ou bien parce que des personnes, des milieux particulièrement infantilisants le font « régresser » en le mettant dans la posture de l'enfant. Or, c'est bien l'« enfant » en nous qui pense ses devoirs aussi forts.

Ainsi, il suffit que quelqu'un prenne le pouvoir, le garde, le symbolise, fasse sa loi, en d'autres termes ait une attitude infantilisante pour que l'individu ait tendance à culpabiliser, surtout s'il a été élevé dans l'idée d'un devoir particulièrement fort à remplir et s'il a l'impression de ne pas s'exécuter ou pas complètement.

L'influence de l'environnement

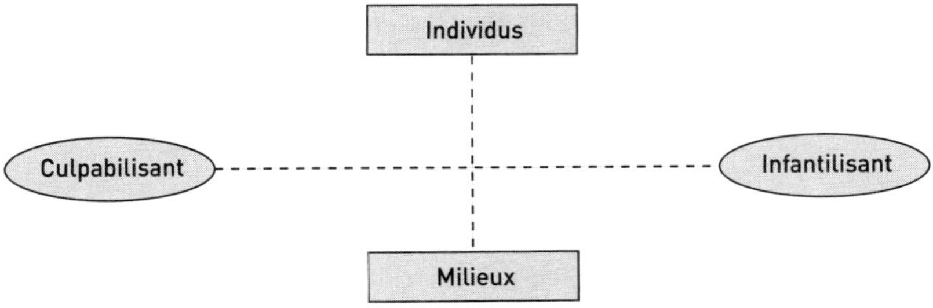

Les individus culpabilisants

Certaines personnes ont tendance, consciemment ou inconsciemment, à culpabiliser les autres. Les conséquences sont à peu près les mêmes mais les motivations sont en partie différentes.

Consciemment : il s'agit de culpabiliser l'autre pour le manipuler et obtenir ce que l'on veut. Inconsciemment : la personne cherche davantage à se rassurer elle-même sur le pouvoir qu'elle a sur l'autre et/ou sur sa légitimité, dont elle n'est au fond pas si sûre et qui lui semblent toujours susceptibles d'être remis en cause.

Les culpabilisateurs font souvent des reproches plus ou moins implicites qui s'expriment par un certain ton employé ou des remarques assassines : « Vous n'avez pas encore... », « Tu aurais quand même pu... », « Vous n'avez toujours pas... » ou des jugements à l'emporte-pièce : « Vous n'êtes vraiment pas... », « Jamais... », « Toujours... ». Parallèlement à ces reproches explicites ou implicites, ils ne font jamais de compliments et/ou témoignent très peu de leur satisfaction ou de leur reconnaissance.

La faute des autres

Les culpabilisateurs sont, bien sûr, ceux qui font toujours porter, directement ou indirectement, la responsabilité aux autres. Ainsi, c'est toujours clairement la faute des autres si « on est arrivé en retard », si « on n'a pas fini dans les temps », si « il n'y avait plus de place », si « on n'a pas eu le contrat », etc. Les culpabilisateurs ont souvent tendance à se sentir coupables eux-mêmes mais, plutôt que de se responsabiliser, ils préfèrent rejeter la faute sur quelqu'un d'autre.

On a beau savoir n'y être pour rien ou que les responsabilités sont partagées, on finit la plupart du temps, sauf à n'avoir aucune tendance à se culpabiliser, par être atteint et par se poser des questions : oui ou non, a-t-on fait son devoir, est-on vraiment dans la norme, etc. ?

Enfin, les culpabilisateurs sont souvent assez rigides, normatifs et leur regard seul est souvent culpabilisant.

Une spirale infernale

Marc, la cinquantaine, consultant dans le secteur pharmaceutique, est en crise et complètement culpabilisé. Il fait un bilan de sa vie professionnelle et personnelle et se demande s'il n'a pas intérêt à tout changer ; notamment à quitter sa femme, qui lui inflige en permanence scènes et reproches.

Difficile, jalouse et très demandeuse affectivement, sa femme est en réalité peu autonome et, comme beaucoup de personnes dépendantes, elle demande inconsciemment à Marc de la rassurer en permanence et de résoudre – à sa place – tous ses problèmes. Marc a tenté de multiples fois de le lui dire mais rien à faire, elle ne veut pas entendre.

Marc ne supporte plus aujourd'hui cette situation et c'est pourquoi il est tenté de partir. En même temps il se culpabilise, il se dit que c'est de sa faute. Il voit bien que sa femme n'est pas épanouie et il a, malgré tout, tendance à penser qu'il n'a pas su la rendre heureuse. Par ailleurs et, depuis quelque temps déjà, il reconnaît prendre des distances et être tenté de regarder autour de lui. Il s'en veut.

Même s'il n'a plus d'espoir quant à une amélioration possible – cette situation dure pratiquement depuis qu'ils sont mariés –, il culpabilise d'autant plus à l'idée de partir que, précisément, son épouse n'est pas autonome. Il sait qu'elle a besoin de lui et, au-delà du désir qu'il peut avoir de vivre différemment, il s'autorise d'autant moins à la quitter qu'elle le culpabilise sans arrêt et qu'il la sait malheureuse.

Marc ne trouvera pas de solution satisfaisante pour lui s'il ne cesse pas, quel que sera son choix, de culpabiliser.

Les milieux culpabilisants

Certains milieux peuvent être particulièrement culpabilisants : le milieu scolaire, l'entreprise, le milieu social, la famille, la société, le système culturel au sens large... Ce n'est alors plus une personne mais un ensemble de personnes qui fonctionne sur un mode culpabilisateur. Si une majorité d'individus a un fonctionnement culpabilisateur, il devient normal de chercher à culpabiliser les autres et, du coup, il devient encore plus difficile de prendre le recul nécessaire.

Il s'agit, plus précisément, de milieux :

- très empreints de culpabilité où la notion de faute prévaut sur celle de responsabilité : l'ensemble des salariés ou des membres de la famille vit plus ou moins en permanence en état de culpabilité, montrant tour à tour des signes de culpabilisation tels que stress, attitudes infantiles, mensonges, excuses, justifications, « prises de tête », etc. ;
- normatifs, très codés où le droit à la différence n'existe pas, où un seul type de comportements, d'études, de choix est valorisé, reconnu ;
- où la notion de devoir, quelle qu'elle soit, est très présente : devoir de réussir, de se soumettre à la hiérarchie, devoir de plaire, d'être le premier, devoir de respecter la tradition, de faire comme les autres, de ne pas se rebeller, devoir d'être bon en maths, devoir de se taire, de parler, etc. ;
- où l'on fait peu de compliments, où même les bons résultats sont rarement reconnus, où il y a peu de gentillesse, d'attention ;
- où domine une culture de la sanction, du rejet, où l'on n'a droit ni à l'erreur ni à la faiblesse ni à l'émotion ni à l'authenticité ;
- où l'on demande beaucoup en termes de performance sans forcément donner en retour.

À en perdre confiance en soi

Serge est mal dans sa peau, complètement stressé et il a perdu toute confiance en lui. Il commence par me raconter qu'un an plus tôt le groupe pour lequel il travaillait depuis vingt-cinq ans, en tant que comptable, a fusionné avec une autre entreprise. Il a retrouvé un poste intéressant dans la nouvelle entité mais, depuis quelques mois, sa situation professionnelle s'est dégradée et surtout son comportement a beaucoup changé. Il vient d'être mis en arrêt maladie car il est en « dépression ».

En règle générale plutôt positif, jovial, n'ayant jamais eu professionnellement de difficultés particulières, il ne comprend pas ce qui lui arrive. Avant d'être arrêté, chaque nuit il passait en revue la journée écoulée en se demandant sans cesse s'il n'avait pas fait d'erreurs, s'il avait eu raison d'intervenir en réunion, si on ne l'avait pas pris pour un « idiot ». Il pensait à la manière dont il allait justifier le retard pris sur son dossier. Il s'était surpris plusieurs fois à mentir et s'en trouvait ridicule. Il n'osait plus prendre la moindre décision, la moindre initiative. Il ne se sentait pas bien dans sa nouvelle équipe ni avec son nouveau patron qui leur faisait, à lui et à ses anciens collègues, beaucoup de reproches sur leur manière de travailler.

Aujourd'hui l'idée de reprendre le travail l'angoisse, il ne croit plus en lui, doute de ses compétences, a toujours l'impression de mal faire et remet même en cause toute sa carrière. Peut-être n'a-t-il jamais été « bon » ? Culpabilisé par le fait que sa société a été rachetée, Serge vit comme un échec le fait d'avoir été du côté des « perdants ».

De plus, les reproches qui lui sont plus ou moins clairement adressés, le regard négatif que l'on porte sur lui en tant qu'« ex », les différences de traitement qu'il note en fonction de l'appartenance ou non à l'ancienne société, lui donnent l'impression de ne pas être à la hauteur de sa nouvelle mission, de ne plus avoir sa place, et d'être dépassé.

Serge n'a pas encore réalisé, au moment de notre rencontre, qu'au fond il est culpabilisé par ce qu'il vit comme l'échec de sa société et par

Individus et milieux culpabilisateurs

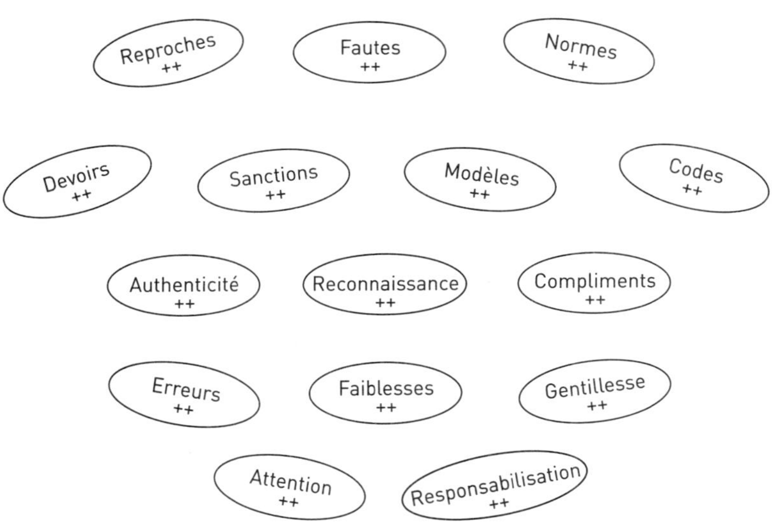

le regard très critique et peu valorisant qu'on porte à son égard. Il pense vraiment n'être plus bon à rien ; c'est pourquoi d'ailleurs il est en « dépression ».

Les environnements infantilisants

Les environnements infantilisants favorisent la culpabilisation dans la mesure où ils retirent aux individus qui y vivent une partie de leur pouvoir d'adulte ou les contraignent à l'abandonner.

À partir du moment où l'individu régresse, retombe dans une dépendance, le terrain de la culpabilisation se fait beaucoup plus fertile : le sujet, tel un enfant, se soumet davantage au pouvoir et à l'influence de l'autre qui peut alors beaucoup plus facilement lui donner le sentiment d'être en faute.

Infantilisé, le sujet redoute aussi davantage la sanction, la punition. Il peut de surcroît culpabiliser de se voir aussi infantile, aussi peu mature ; son bon sens ne manque pas de lui faire savoir qu'à son âge « il ne devrait pas », « ce n'est pas normal », « ce n'est pas bien » !

Voilà pourquoi le phénomène prend parfois des proportions incroyables et peut déclencher chez le sujet une régression inimaginable et, même quand l'individu est conscient de ce qui se passe, il ne lui est pas toujours facile de sortir de cette spirale.

Un risque de « régression » toujours possible

Nul n'a échappé dans son passé, sauf cas rarissimes, à la culpabilisation et/ou à l'infantilisation – nous avons tous été enfant – ; de ce fait l'individu court toujours le risque de régresser.

En effet, la solidité – normalement – acquise au fil des années ne peut pas effacer entièrement un état antérieur de dépendance et de soumission. L'enfance est la longue période pendant laquelle nous accordons le pouvoir à quelqu'un d'autre ; forcément, dans un contexte donné, face à une personne donnée, dans un état de fragilité, il existe toujours un risque de recommencer.

Ainsi suffit-il d'un échec, d'une personne particulièrement infantilisante ou qui rappelle un père ou une mère, d'une situation où le sujet se sent hors norme et où il craint d'être rejeté par les autres pour que, de nouveau, il s'infantilise !

Les individus et les milieux qui infantilisent

Tout comme les culpabilisateurs, les individus infantilisants – ce sont d'ailleurs souvent les mêmes – le font plus ou moins consciemment mais toujours dans le but de prendre et/ou de garder le pouvoir.

Les personnes infantilisantes ne donnent jamais la parole, n'invitent jamais l'autre à s'exprimer, ne donnent pas d'informations, ne tiennent compte d'aucun avis extérieur, ne délèguent pas, n'écoutent pas, n'entendent pas, ne donnent pas de réponses. Les personnes qui ne reconnaissent jamais l'autre dans ses réussites, ses erreurs, ses doutes, sa différence sont infantilisantes.

La manière royale d'infantiliser est bien sûr de menacer de ne plus aimer. Il s'agit du fameux chantage affectif qui est, par nature, infantilisant : tout individu enfant se socialise pour plaire et être aimé de ses parents d'abord, des autres ensuite. Nous avons tous rencontré des parents, des enfants, des compagnons, des patrons, des collègues qui exercent cette sorte de chantage sur le mode : « Si tu m'aimes, alors tu fais ce que je veux » ou bien encore : « Si tu ne fais pas ce que je veux, je ne t'aimerai plus. »

Le chantage affectif existe, bien entendu, à des niveaux plus ou moins subtils dans les relations affectives : parents, conjoints, enfants. C'est un outil de culpabilisation extrêmement puissant et les enfants, en bonne position pour cela, savent l'utiliser, mieux que personne.

Les milieux qui infantilisent sont les systèmes, les familles, les entreprises, les relations où l'on joue beaucoup sur le besoin naturel, légitime, d'amour et de reconnaissance.

Les milieux très hiérarchisés dans lesquels on ne délègue pas ou peu, où les rôles sont très définis, où il faut se faire bien voir, où le chef a les pleins pouvoirs ou presque, favorisent l'infantilisation.

Les milieux où le dialogue n'existe pas ou peu, où la communication est pauvre c'est-à-dire où les individus ne s'expriment pas, dans lesquels les promesses ne sont pas tenues, où les solutions sont imposées, où il existe beaucoup de non-dits, où règne la langue de bois, sont des milieux infantilisants.

En permanence culpabilisée, déstabilisée

Maryse a un mari et un patron, chacun à sa façon (hasard ou non ?) très infantilisant.

Son mari, très protecteur, possessif, ne la laisse jamais entreprendre une chose seule, émet un avis sur tout ce qu'elle fait et pense. Alors que Maryse est cadre, il la conseille sans arrêt, lui dit ce qu'elle doit faire. Et quand elle prend seule une initiative, il lui en fait le reproche, s'estime lésé, tenu à l'écart.

Son patron, quant à lui, éprouve un terrible besoin d'être valorisé et dévalorise, de ce fait, les autres en les infantilisant. Il prend toujours, par exemple, un air condescendant quand il remercie Maryse, comme on remercierait un enfant qui a bien fait ce qu'on lui a demandé. Il lui confie des dossiers puis intervient tout à coup pour donner ou plutôt imposer sa solution sans lui en avoir parlé au préalable. En réunion, quand Maryse prend la parole, il n'a de cesse de la couper pour expliquer à sa place ce qu'elle avait l'intention de dire ou pour récupérer à son compte les conclusions auxquelles elle est arrivée. Il joue l'homme très occupé et fait très souvent état de ses réussites, des compliments qui lui ont été faits.

Maryse est ainsi en permanence déstabilisée, culpabilisée. Elle est tellement infantilisée par l'un et par l'autre qu'elle ne sait plus quand elle a tort ou raison, s'il est juste qu'elle résiste et s'impose ou si c'est elle qui est trop susceptible, trop soucieuse de ses prérogatives.

Individus et milieux infantilisants

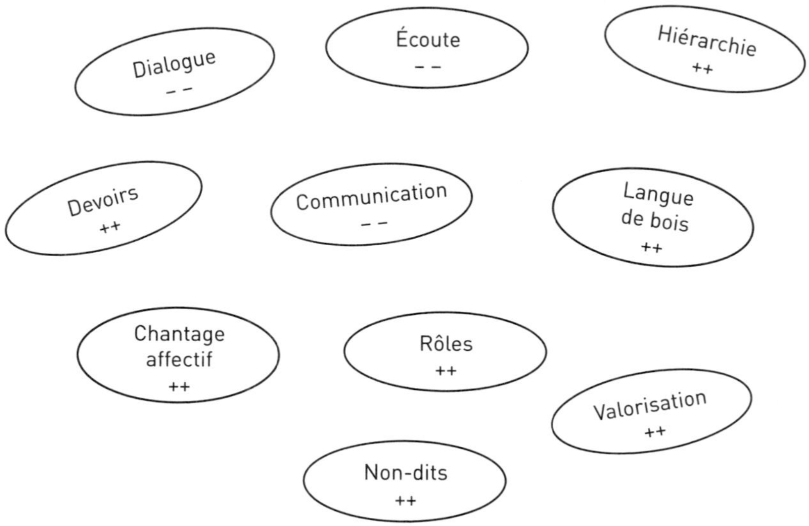

Vivez-vous avec une personne (ou des personnes) qui vous culpabilise(nt) ?

1. Elle porte un regard négatif sur vos choix.

a) Toujours ❍
b) La plupart du temps ❍
c) Jamais ❍

2. Elle minimise vos actes et vos actions.

a) Toujours ❍
b) La plupart du temps ❍
c) Jamais ❍

3. C'est une personne très sûre d'elle.

a) Toujours ❍
b) La plupart du temps ❍
c) Jamais ❍

4. Elle joue sur l'affectif.

a) Toujours ❍
b) La plupart du temps ❍
c) Jamais ❍

5. Elle fait des reproches.

a) Toujours ❍
b) Fréquemment ❍
c) Rarement ❍

6. Elle entend ce que vous dites.

a) Jamais ❍
b) La plupart du temps ❍
c) Toujours ❍

7. Elle fait des remarques.

a) Toujours ❍
b) Fréquemment ❍
c) Rarement ❍

8. Elle porte un regard négatif sur votre métier.

a) Complètement ❍
b) Plutôt ❍
c) Pas du tout ❍

9. Elle est très exigeante.

a) Toujours ❍
b) La plupart du temps ❍
c) Jamais ❍

10. Elle minimise vos efforts.

a) Toujours ❍
b) La plupart du temps ❍
c) Jamais ❍

11. Elle vous accepte avec vos faiblesses.

a) Toujours ❍
b) La plupart du temps ❍
c) Jamais ❍

12. Elle vous valorise.

a) Toujours ❍
b) La plupart du temps ❍
c) Jamais ❍

Questions paires

Comptez 3 points pour la réponse a, 2 pour la réponse b, 1 pour la réponse c. *Totalisez le nombre de points.*

- **Entre 18 et 12 points** – Vous vivez avec quelqu'un de très infantilisant.
- **Entre 12 et 6 points** – Vous vivez avec quelqu'un de plutôt infantilisant.

- **En dessous de 6 points** – Vous vivez avec quelqu'un de très peu infantilisant.

Questions impaires

Comptez 3 points pour la réponse a, 2 pour la réponse b, 1 pour la réponse c. *Totalisez le nombre de points.*

- **Entre 18 et 12 points** – Vous vivez avec quelqu'un de très culpabilisant.
- **Entre 12 et 6 points** – Vous vivez avec quelqu'un de plutôt culpabilisant.
- **En dessous de 6 points** – Vous vivez avec quelqu'un de très peu culpabilisant.

Faites le total de vos points

- **Entre 36 et 24 points** – Vous vivez avec quelqu'un de très culpabilisateur.
- **Entre 24 et 12 points** – Vous vivez avec quelqu'un de plutôt culpabilisateur.
- **En dessous de 12 points** – Vous vivez avec quelqu'un de très peu culpabilisateur.

Travaillez-vous avec une (ou des) personne(s) qui vous culpabilise(nt) ?

1. Elle reconnaît ses erreurs.

a) Jamais ❍
b) La plupart du temps ❍
c) Toujours ❍

2. Elle crée un dialogue.

a) Jamais ❍
b) La plupart du temps ❍
c) Toujours ❍

3. Elle ne dit que le négatif, jamais le positif.

a) Toujours ❍
b) La plupart du temps ❍
c) Pas du tout ❍

4. Elle abuse de ses pouvoirs.

a) Toujours ❍
b) La plupart du temps ❍
c) Jamais ❍

5. Elle minimise vos résultats.

a) Toujours ❍
b) La plupart du temps ❍
c) Jamais ❍

6. Elle peut vous humilier face à d'autres.

a) Toujours ❍
b) La plupart du temps ❍
c) Jamais ❍

7. Elle se met dans le rôle de l'ultra-compétent.

a) Toujours ❍
b) La plupart du temps ❍
c) Jamais ❍

8. Elle parle franchement.

a) Jamais ❍
b) La plupart du temps ❍
c) Toujours ❍

9. Elle fait des compliments.

a) Jamais ❍
b) La plupart du temps ❍
c) Toujours ❍

10. Elle cache des choses.

a) Toujours ❍
b) La plupart du temps ❍
c) Jamais ❍

11. Elle vous donne des signes de reconnaissance.

a) Souvent ❍

b) Rarement ❍

c) Jamais ❍

12. Elle joue les préférences et la rivalité.

a) Toujours ❍

b) La plupart du temps ❍

c) Jamais ❍

Questions paires

Comptez 3 points pour la réponse a, 2 pour la réponse b, 1 pour la réponse c. *Totalisez le nombre de points.*

- **Entre 18 et 12 points** – Vous travaillez avec quelqu'un de très infantilisant.
- **Entre 12 et 6 points** – Vous travaillez avec quelqu'un de plutôt infantilisant.
- **En dessous de 6 points** – Vous travaillez avec quelqu'un de très peu infantilisant.

Questions impaires

Comptez 3 points pour la réponse a, 2 pour la réponse b, 1 pour la réponse c. *Totalisez le nombre de points.*

- **Entre 18 et 12 points** – Vous travaillez avec quelqu'un de très culpabilisant.
- **Entre 12 et 6 points** – Vous travaillez avec quelqu'un de plutôt culpabilisant.
- **En dessous de 6 points** – Vous travaillez avec quelqu'un de très peu culpabilisant.

Faites le total de vos points.

- **Entre 36 et 24 points** – Vous travaillez avec quelqu'un de très culpabilisateur.
- **Entre 24 et 12 points** – Vous travaillez avec quelqu'un de plutôt culpabilisateur.
- **En dessous de 12 points** – Vous travaillez avec quelqu'un de très peu culpabilisateur.

Chapitre 8

Les prises et les abandons de pouvoir

Pour qu'une personne nous donne le sentiment d'être en faute, il est nécessaire qu'elle ait un pouvoir ou une influence sur nous. Ainsi les personnes qui ont, prennent, gardent le pouvoir ou à qui nous l'attribuons voire nous l'abandonnons, ont toutes les chances de réussir, si elles en font le « choix », à nous culpabiliser.

En d'autres termes, il suffit qu'une personne prenne un pouvoir – ou que nous lui accordions un pouvoir – plus important que celui qui lui est légitimement conféré par son statut pour que le mécanisme de culpabilisation se mette en place.

Les individus qui prennent le « pouvoir »

Nous avons tous rencontré des personnes qui cherchent à prendre le « pouvoir » ; par besoin de dominer les autres, par désir de puissance, par peur aussi. Détenir un pouvoir, c'est maintenir l'autre à distance, sous contrôle ; du moins les personnes dominatrices le croient-elles. D'entrée de jeu celles-ci fixent les règles, les limites, distribuent les rôles, s'octroient la plupart du temps le droit de juger, de décider, de valoriser ou non, etc.

Les personnes très sûres d'elles – du moins en apparence –, autoritaires avec une forte propension à imposer leur avis, leur point de vue, celles qui ont tendance à se croire supérieures et à se valoriser, à se mettre en avant et qui, volontairement ou non, se posent en « modèle », prennent d'une certaine façon le pouvoir.

D'autres, sans le savoir ni le vouloir, prennent également le pouvoir par leur silence, leur réserve, les distances qu'elles instaurent avec les autres à cause – paradoxe ! – de leur propre peur d'être rejeté et/ou de leur sentiment de culpabilité !

Les individus qui abusent de leur « pouvoir »

Les personnes qui, investies d'une autorité hiérarchique – statutaire, d'ancienneté, de parenté – ou du pouvoir d'aimer ou de ne plus aimer et en abusent pour le renforcer, ont indirectement tendance à culpabiliser et à infantiliser les autres.

C'est le cas de patrons, de managers qui abusent – en ne dialoguant pas, en n'informant pas ou en accordant arbitrairement primes et promotions – de leur pouvoir de reconnaître ou non quelqu'un (dans tous les sens du terme). C'est le cas de supérieurs hiérarchiques qui font des promesses pour parvenir à leurs fins sachant pertinemment qu'ils ne les tiendront pas ou ne pourront pas les tenir. Et le sujet parfois de se sentir fautif de ne pas finalement avoir mérité ce qui était promis ! C'est le cas encore de parents qui abusent de leur pouvoir en faisant outre du chantage affectif, des rétentions financières ou matérielles.

Même si l'on sait reconnaître le fonctionnement de ce mécanisme, y résister demande beaucoup de vigilance.

Les personnes à qui l'on attribue un « pouvoir »...

Si des personnes ou des groupes de personnes prennent ou gardent le pouvoir, c'est aussi parce que nous-même, parfois, le leur attribuons.

Très infantilisé par son éducation, il arrive que le sujet ne sache regarder quelqu'un autrement qu'en lui donnant tous les pouvoirs surtout si, en l'occurrence, l'autre lui rappelle son père ou sa mère face à qui, sans même toujours en avoir conscience, il a un jour capitulé.

Les personnes à qui nous abandonnons inconsciemment notre pouvoir sont en général des personnes qui :

- nous rappellent un parent, un professeur, un patron, un camarade qui a eu par le passé, surtout s'il a cherché à nous culpabiliser, un pouvoir sur nous ;
- représentent de par leur statut, leur position, une autorité, voire l'Autorité et dont nous craignons le jugement ou la sanction : parents, supérieurs hiérarchiques ;

- incarnent pour nous un certain type de pouvoir : celui du savoir, de la compétence, de l'expertise, de la connaissance, de la maîtrise… et que parfois nous survalorisons ;
- représentent un modèle pour nous-même, voire pour nos parents, et que nous idéalisons en projetant, en imaginant que ce type de personnes a tout, est tout ;
- représentent pour nous un idéal et face à qui nous faisons un complexe.

Derrière son patron, l'image de sa mère

Françoise est la collaboratrice de Denis, directeur de recherches, homme « fort » tant de caractère que de stature, assez autoritaire, d'un grand charisme. Elle a pris depuis quelque temps un poste qui en regroupe deux et où elle est en première ligne. Elle a beaucoup de travail en retard qu'elle a énormément de mal à rattraper d'autant que son prédécesseur n'a eu que quarante-huit heures pour la mettre au courant des dossiers en cours. Elle a ainsi perdu énormément de temps à découvrir les choses par elle-même.

Ayant eu une mère autoritaire qui lui faisait beaucoup de reproches, Françoise qui a déjà une bonne tendance à se sentir fautive, commence à culpabiliser et cache son retard plutôt que d'en parler.

Denis, lui-même surchargé de travail, assez exigeant, dans un contexte difficile, s'inquiète du retard et des erreurs que Françoise commet parfois à cause du stress. Réalisant qu'elle est en difficulté, il essaie de discuter avec elle, de voir ce qui ne va pas mais Françoise se défend, prétend que tout va bien alors que les dossiers en attente s'accumulent. Inévitablement Denis finit par être irrité puis par demander des comptes.

Françoise, qui craint terriblement l'autorité, panique et nie avoir des problèmes. Commence alors le cercle infernal où Denis se met en colère, exige des résultats immédiats et où Françoise, culpabilisant de plus en plus, finit par perdre complètement ses moyens.

Denis incarne à travers son autorité naturelle d'un côté, son statut de l'autre, à la fois l'autorité et le pouvoir. Ainsi, d'entrée de jeu Françoise qui, dans ce poste, avait un défi à relever, s'est mise en position d'être jugée et mal jugée. Elle n'a pas réussi à prendre le recul, à faire la part des choses entre son patron – avec ses demandes légitimes – et le souvenir de sa mère, probablement très culpabilisatrice, très autoritaire elle aussi et qui, du simple fait d'être sa mère, a naturellement eu jadis un énorme pouvoir sur elle dont apparemment elle ne s'est pas encore libérée.

Principaux facteurs à l'origine du sentiment de culpabilité

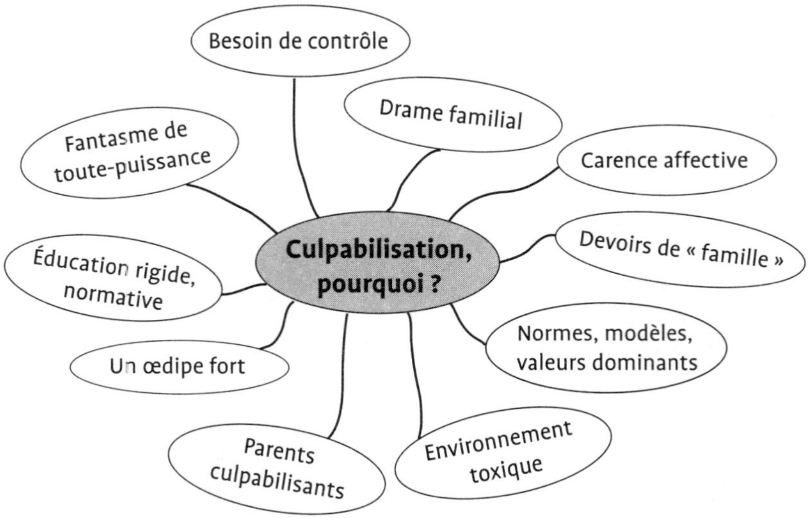

Faites-vous un lien entre l'un ou plusieurs de ces facteurs et une « faute » dont vous vous sentez particulièrement coupable : sentiment de ne pas être assez bien, de « mal » faire, de faire du mal, de ne pas être comme il faut, de ne pas avoir de droit... ?

Troisième partie

Comment être soi-même sans culpabiliser ?

Si la culpabilité est si tenace – l'individu qui en souffre entrevoit souvent, impuissant, les bénéfices qu'il retirerait à s'en libérer ! –, c'est parce que les blessures de l'enfance, les peurs, le poids de l'éducation et le besoin de se conformer sont solidement ancrés en nous.

De fait, il est rare de pouvoir se libérer rapidement de ses culpabilités. Non seulement parce que les racines en sont profondes et inscrites au cœur de notre histoire, mais également parce que, dans tous les cas, cela implique de grandir : reconnaître ses erreurs, se libérer de ses peurs, transgresser des « interdits », affirmer ses choix, ses désirs, s'assumer, oser être soi-même... Il est bon d'en être conscient afin de ne pas se décourager, en continuant à avancer et éventuellement en évitant de se culpabiliser pour sa lenteur à progresser !

Comprendre l'origine de sa culpabilité, de ses interdits, apprendre à déjouer les comportements des personnes culpabilisantes, apprendre à mieux se connaître et à mieux s'assumer, ne plus culpabiliser, tout cela implique un face-à-face entre soi et soi.

Chapitre 9

Être prêt à prendre ses responsabilités

Pour se libérer de sa culpabilité, il est primordial de se demander si l'on est prêt à prendre ses responsabilités et toutes ses responsabilités, tant vis-à-vis de soi que vis-à-vis des autres. Autrement dit, si l'on est prêt à sortir, quelle qu'en soit la forme, d'une posture « infantile » pour adopter une attitude plus adulte. En d'autres termes encore, si l'on est vraiment prêt, quel qu'en soit le prix et même si cela paraît difficile, risqué, à prendre « sa » place et à être davantage soi-même.

Si, au fond de soi, cette décision n'est pas prise, les culpabilités ne lâcheront pas prise et, quoi que l'on fasse, elles nous rattraperont.

Alors que nous avons intérêt à prendre le chemin de la responsabilité dans la mesure où les conséquences de la culpabilité sont toujours négatives pour soi et pour l'entourage – que l'on dit pourtant chercher à « protéger » –, il est souvent plus fréquent et plus facile de « choisir » d'être coupable ; précisément pour éviter de prendre ses responsabilités !

De fait, quand on culpabilise en permanence et même quand on vit dans une extrême culpabilité, il est bon d'être conscient qu'il existe paradoxalement une très forte tendance à ne pas se responsabiliser, à ne pas prendre ses responsabilités.

Responsable oui, coupable, non

On a beau paresser, renâcler, parfois même régresser par peur du risque, il faut bien le reconnaître : choisir la voie de la responsabilité ne produit que des effets positifs.

Comment nous déformons la réalité

Quand nous culpabilisons, nous nous empêchons tout d'abord de trouver, quelle que soit la situation, les réactions et/ou les actions justes. Dans la mesure où nous nous sentons en faute, nous perdons toute objectivité dans l'analyse de l'événement ou de la situation. Nous sommes en quelque sorte noyés, exclusivement en proie à nos émotions. Nous allons ainsi grossir un détail, minimiser l'essentiel, ne voir que nos côtés négatifs, attribuer à l'autre un pouvoir qu'il n'a pas, et occulter le nôtre. Cette déformation de la réalité n'est guère propice à la recherche de solutions.

Parallèlement, nous craignons un jugement, des critiques, des moqueries voire des humiliations, ce qui nous inhibe davantage encore. Et, puisque nous sommes en faute, nous attendons une sanction, une punition et ceci nous paralyse. Cette peur, cette menace nous mettent uniquement sur la défensive et nous empêchent, dans la plupart des cas, de clarifier notre position, nos arguments, nos « raisons », nos idées, nos choix.

Quand nous culpabilisons, nous avons également du mal à reconnaître nos faiblesses, nos fragilités, nos atouts, nos forces... nous avons, par conséquent, d'autant plus de mal à faire notre autocritique et à reconnaître nos erreurs, notre imperfection, ce qui entretient la culpabilité !

La peur des autres

Enfin, la culpabilisation implique et entretient un état d'infériorisation et d'infantilisation, ce qui amplifie la peur des autres. Nous nous infériorisons car nous ne nous voyons qu'en négatif, et ne nous mettons pas en position d'agir positivement ; d'autre part, nous nous infantilisons car, tel un enfant, nous laissons à l'autre le pouvoir de nous juger et de nous punir.

Finalement, le sentiment de culpabilité rend le dialogue avec l'autre ou avec soi-même difficile et ne nous aide guère à valoriser notre propre image ni à prendre la responsabilité d'un changement positif.

En effet, comment dialoguer avec l'autre d'égal à égal quand nous ne trouvons pas nos arguments, quand nous craignons une sanction, quand nous avons peur d'être punis ? Comment raisonner quand on est envahi par des émotions négatives ? Comment dialoguer avec soi-même et faire la part des choses quand on a honte de soi ? Enfin, comment se valoriser quand on se sent en faute, comment réagir de façon constructive ?

De l'intérêt de se responsabiliser

Rétablir un rapport adéquat à la réalité

À l'inverse, quand nous nous responsabilisons, nous pouvons beaucoup plus rapidement prendre en compte les faits objectifs, la globalité de la situation, notre part de responsabilité mais également celle des autres.

Ainsi, déjà dans l'action, dans la recherche d'un positionnement plus clair, d'une situation ou d'une relation plus satisfaisante, nous trouvons beaucoup plus facilement les réponses, les attitudes et les solutions adéquates. Quand nous prenons nos responsabilités, nous recherchons une solution et nous trouvons ainsi plus vite la réponse qui convient, l'attitude à adopter.

Nous pouvons faire la part des choses, nous positionner, défendre notre point de vue, l'expliciter, être plus critique par rapport à l'autre mais aussi reconnaître nos erreurs.

Parce que nous nous confrontons à nous-mêmes et aux autres, la responsabilisation, contrairement à la culpabilisation, implique et favorise des relations d'adulte, d'égal à égal où il est possible de dialoguer, d'expliquer, de proposer, de refuser.

Ainsi la responsabilisation nourrit-elle toujours un peu plus la maturité et l'estime de soi.

Se perfectionner

Enfin, à nous responsabiliser, nous ne pouvons qu'évoluer : dans tous les cas, même quand nous avons totalement tort, nous ne pouvons que progresser. De fait, si nous commettons des erreurs, si nous avons des reproches à nous faire, si nous manquons un jour à quelqu'un, si nous sommes tous critiquables et imparfaits..., nous ne sommes pas pour autant – en convenez-vous ? – coupables.

En revanche, oui, nous sommes responsables. Ce qui fait une différence. Certes nous avons des insuffisances, des devoirs envers les autres, nous avons à nous améliorer sur certains points ; en ce sens, oui, nous sommes responsables même du tort que, volontairement ou non, nous pouvons causer à autrui – mais en aucun cas coupables.

Qu'il s'agisse d'une décision à prendre, d'un choix à faire, d'un message à faire passer, d'une limite à poser, etc., la vraie réponse, l'attitude juste est bien plus la responsabilisation que la culpabilisation, la responsabilité que la culpabilité. D'ailleurs, nous le savons mais nous « pensons » beaucoup plus facilement « culpabilité » que « responsabilité » et nous « préférons » même parfois la première à la seconde... dommage, l'une fait régresser, l'autre grandir !

Se sentir en faute ou se sentir responsable ?

Culpabilisation	Responsabilisation
Comportements	
Subjectivité/projections	Prise en compte des faits objectifs
Crainte du jugement	Recherche de solutions
Attente de la sanction	Positionnement réaliste
Relations	
Tendance à l'infériorisation	Relations d'égal à égal
Tendance à l'infantilisation	Relations « adultes »
Crainte des autres	Confrontation avec les autres
Peur de soi-même	Confrontation avec soi-même
Bénéfices	
Inhibition	Capacité à réagir
Dialogue difficile/impossible	Dialogue possible
Infantilisation	Maturité
Image de soi toujours plus négative	Image de soi toujours revalorisée
Régression	Évolution

Les signes : À quoi voit-on que l'on ne culpabilise plus ?

- On sait dire non.
- On s'explique.
- On fait la part des choses.
- On sait mettre des limites.
- On met l'autre face à ses responsabilités.
- On ne râle plus.
- On ne se pose plus en victime.
- On reste positif.

Choisir de grandir

Être prêt à prendre ses responsabilités, c'est être prêt en définitive à affronter ses peurs, à regarder ses zones d'ombre, à se remettre en question. Or, une fois encore, il est souvent plus facile de se culpabiliser que de s'assumer, même si nous en subissons les conséquences. On peut même tirer quelques bénéfices « secondaires » d'un sentiment de culpabilité, notamment se protéger en évitant : de remonter à l'origine d'une souffrance, de prendre le risque de transgresser un interdit, de regarder ce qu'un sentiment de culpabilité peut cacher de plus profond, de lâcher l'illusion de tout contrôler, bref, de faire une réelle autocritique.

Oser affronter ses « peurs »

Si le sujet reste coupable longtemps, s'il n'a pas réussi à se responsabiliser plus tôt, c'est bien parce qu'il a peur : peur du rejet, de la colère, de la punition, de la sanction, de l'humiliation, etc.

De fait, des inerties colossales nous empêchent de choisir d'être responsable de nos actes et de nos pensées ; il est évident, sinon, que nous grandirions plus vite ! À l'idée de transgresser des interdits, de s'affranchir de certains devoirs, surgissent bien sûr la peur d'être sanctionné et celle de ne plus être « aimé », apprécié, en d'autres termes la peur de décevoir, de déplaire. Ainsi, lorsque nous nous affirmons, lorsque nous cherchons à exprimer devant l'autre nos désirs, nos besoins, nos limites.

Vient ensuite la peur de se souvenir et de retrouver une souffrance. Remonter à l'origine de sa culpabilité implique, en effet, de revenir sur l'événement ou le contexte généralement douloureux qui l'a déclenchée – l'éducation castratrice, la désunion des parents, le rejet de la part de sa mère, la honte de la petite sœur handicapée, le décès précoce du père, etc. – et, d'une certaine manière, de les ressentir, les revivre à nouveau.

Enfin, il existe, notamment pour les personnes qui vivent vraiment « dans » la culpabilité, la peur, pour ne pas dire l'angoisse, de se retrouver au contact du sentiment profond, brut, violent, radical de la culpabilité elle-même, tel qu'il a été vécu à l'époque, ce qui est inévitablement bouleversant. Vivre, même très douloureusement, dans un état de culpabilité permanent et quotidien est une chose ; une autre est de retrouver l'émotion intacte, réactualisée, de sa culpabilité.

Je garderai toujours le souvenir du temps qu'il a fallu à une jeune femme de 23 ans en pleine anorexie et à bout de force, pour « accepter » de retrouver la mémoire émotionnelle de la mort de sa sœur et la culpabilité dévastatrice et terrassante qui l'avait envahie à l'époque.

Accepter de lâcher le contrôle

Parfois l'enfant – on l'a vu - préfère se sentir coupable plutôt que de perdre l'illusion de sa toute-puissance et/ou celle d'être au « centre » du monde. Même si ce pouvoir et cette posture restent illusoires, plus l'individu a vécu longtemps dans ce fantasme, plus le retour à la réalité est difficile.

Choisir d'être responsable plus que coupable, c'est qu'on le veuille ou non lâcher l'illusion et le besoin de tout contrôler en étant pour le coup obligé de « grandir » au sens propre du terme, c'est-à-dire de sortir de l'égocentrisme et de ce fantasme de toute-puissance que sont les deux caractéristiques de l'enfance.

Regarder ses zones d'ombre

Prendre ses responsabilités nécessite aussi d'accepter de regarder ses zones d'ombre. Or, il est fréquent que le sujet se cache derrière sa culpabilité pour s'éviter d'aller plus loin.

Même s'il pâtit et si son sentiment de culpabilité est réel, il arrive que l'individu s'en serve malgré tout comme d'un paravent, d'une protection. Il se laisse aveugler et figer dans un état émotionnel négatif qui alors envahit tout, il se « contente » de constater et de se plaindre des méfaits, des désagréments, des tourments causés par son sentiment de culpabilité en s'évitant inconsciemment de passer à l'étape suivante ; celle de la responsabilisation, préférant d'une certaine façon s'en tenir là.

L'individu s'évite, en mettant ainsi sa culpabilité en avant, de regarder ce que peut-être il aurait intérêt à voir pour changer vraiment et arrêter de culpabiliser. Il se protège au final à ses dépens d'une autre prise de conscience à laquelle il n'est pas prêt, d'autant que reconnaître et accepter, par exemple, que l'on n'a pas coupé le cordon, que l'on profite des avantages matériels d'une situation, etc., n'est pas toujours facile et dessine une image de nous-même qui ne correspond pas à celle que l'on a ni à celle que l'on veut donner.

Prenons trois exemples

- Nicolas, 28 ans, se culpabilise et se torture constamment. Toutefois se focaliser ainsi sur sa culpabilité lui évite de voir qu'il refuse de grandir, ce qui d'une certaine manière l'arrange dans la mesure où, malgré les problèmes que cela lui cause – difficultés à se faire plaisir, stress permanent dans son travail... –, il retarde ainsi le moment de faire des choix, de s'engager ; ce sont d'ailleurs encore ses parents qui l'assument en grande partie financièrement.

  Même si Nicolas souffre vraiment de « culpabilité », il en tire néanmoins l'avantage de rester dans un état qu'il connaît, il évite aussi de se prendre vraiment en charge – ce qui est quelque part confortable – et de prendre le risque d'assumer ses désirs.

- Françoise se culpabilise parce que sa fille lui fait sans arrêt des reproches. Or, elle préfère culpabiliser plutôt que de prendre ses responsabilités et se remettre en cause pour avoir avec sa fille de meilleurs rapports ; elle aurait notamment intérêt à réaliser qu'elle est au fond très possessive, avec un grand besoin d'être rassurée sur le fait qu'elle est « aimable ».
  Plutôt que de culpabiliser, elle pourrait alors tenter de s'autonomiser affectivement et régler peut-être ses problèmes avec sa parenté !
- Marie-Agnès culpabilise de ne pas quitter Boulogne, de rester dans un petit deux-pièces avec son fils – qui présente néanmoins l'avantage d'être tout près de chez sa mère –, de ne pas trouver d'appartement, de ne pas en chercher, de mal s'organiser, de ne pas bien gérer son budget. Or, elle évite au passage de voir qu'elle refuse de couper le cordon.

Finir par lever le voile

Si prendre ses responsabilités nécessite d'accepter de regarder ses zones d'ombre, l'individu refuse, la majeure partie du temps, de les dévoiler parce qu'elles ont souvent un lien avec l'origine même de son sentiment de culpabilité.

Reprenons nos exemples

- Si Nicolas culpabilise, il cherche en réalité peut-être toujours à faire plaisir et à combler ses parents qui, au fond d'eux-mêmes, n'ont jamais vraiment désiré qu'il grandisse.
  De fait, pour Nicolas, sortir de sa culpabilité équivaut sans doute, au bout du compte, à sortir d'un système de relations familiales qui le retient prisonnier ; c'est faire le choix de ne plus être dans le désir de ses parents qui ont besoin, par exemple, qu'il reste un enfant pour cimenter leur couple.
- Si Françoise « choisit » la culpabilité, c'est peut-être parce que accepter sa partie d'ombre revient pour elle à reconnaître ne pas avoir été aimée par sa mère ; pourtant revenir sur cette douleur lui permettrait sans doute d'en sortir grandie et différente.

- **Si Marie-Agnès n'a pas coupé le cordon, c'est peut-être que sa mère a eu une énorme influence sur elle et qu'elle l'a un peu retenue en otage après son divorce. Aussi Marie-Agnès préfère-t-elle, inconsciemment, culpabiliser plutôt que de couper le cordon mais en ce sens surtout contrarier sa mère ?!**

Regarder ses zones d'ombre revient, de toute façon, plus ou moins directement et à plus ou moins longue échéance, à s'affranchir du mode relationnel familial dans lequel on a grandi et/ou à briser le fantasme de la toute-puissance, à revisiter ses carences affectives (précisément à l'origine du sentiment de culpabilité) et donc, au final, à se confronter à ses peurs et/ou à ses blessures.

Ainsi est-il fréquent que le sujet entretienne son sentiment de culpabilité parce qu'il a encore peur de grandir ; il préfère continuer à culpabiliser et à en tirer certains bénéfices, quitte à les payer d'une autre manière au prix fort.

Malheureusement, forte culpabilité et difficulté ou refus de « grandir » peuvent rester très longtemps les deux faces inextricables du même problème. On peut, par exemple, refuser de prendre ses responsabilités et même choisir de rester un enfant précisément par culpabilité d'exister, de vivre, de grandir !

Et si au fond j'étais paresseux ?

Jean-Paul culpabilise de ne pas mieux réussir et de ne pas être au niveau de responsabilités auquel normalement, compte tenu de son âge et de ses diplômes – Polytechnique –, il pourrait prétendre. C'est surtout par rapport aux exigences de son père, professeur d'université que, plus profondément, Jean-Paul se culpabilise avec l'impression de ne pas être à la hauteur.

Par ailleurs, il évite de voir qu'il est au fond un peu paresseux, qu'il se complaît lui-même à rêver de grandeur sans s'en donner les moyens et qu'il a peut-être finalement un peu tendance à se survaloriser.

De fait, Jean-Paul n'a peut-être pas en réalité ni toutes les qualités ni l'envie réelle d'occuper le type de poste auquel il dit vouloir prétendre.

Après avoir pris conscience de son fort sentiment de culpabilité par rapport à un père qui exigeait toujours plus de lui en matière de résultats scolaires, de performances sportives, d'endurance, de volonté, Jean-Paul s'y attarde, s'y appesantit.

Dans son cas, prendre ses responsabilités reviendrait à faire un choix qui d'abord lui convienne, quitte à déplaire à son père ; mais aussi à assumer sa paresse plutôt que de jouer avec l'idée qu'il pourrait faire « mieux » sans toutefois passer à l'acte, ce qui le culpabilise ; ou bien encore à se décider à accéder aux postes auxquels il prétend non plus pour faire plaisir à son père mais pour lui-même, ce qui le responsabiliserait alors, en lui faisant retrouver ses moyens réels.

Jean-Paul doit surtout décider de sortir d'un système de culpabilisation instauré par son père et de ne plus être dans le « désir » d'excellence de son père.

Faire son autocritique

Même dans la vie quotidienne, quand quelqu'un nous culpabilise, nous fait des reproches, en situation d'échec ou devant une décision à prendre, nous préférons parfois culpabiliser plutôt que de prendre nos responsabilités, c'est-à-dire reconnaître nos erreurs ou faire honnêtement notre autocritique. Et cela au risque de ne jamais savoir jusqu'où nous avons (eu) raison ou tort, et de rester plus durablement dans l'état émotionnel négatif de la culpabilité.

Même si cela n'est pas agréable ni gratifiant, il est préférable d'aller au fond des choses, au bout de ce que l'on peut avoir objectivement à se reprocher et d'accepter de regarder même ce qui déplaît : ses insuffisances, ses manques, ses imperfections.

Plus on cerne ce que l'on a à se reprocher, moins paradoxalement on culpabilise et plus on est porté à s'assumer. C'est seulement en reconnaissant ses « défauts » que l'on prend la responsabilité de changer, d'évoluer, de grandir.

Certes, se faire les reproches justes, « vrais », induit une remise en cause plus authentique dont nous n'avons pas toujours envie. Or, même si l'individu se questionne et même s'il existe une part de vrai dans l'analyse qu'il fait de sa situation, la tendance est souvent à se faire des reproches faciles, superficiels ou vagues, voire de « faux » reproches qui ne permettent pas une autocritique constructive.

Les reproches faciles

Les reproches faciles, les premiers qui viennent à l'esprit, sont relatifs aux modes ambiantes : ne pas être assez « cool », ne pas bien communiquer, ne pas être suffisamment dynamique, ne pas avoir confiance en soi... Même quand ces points ne le gênent pas vraiment, l'individu a spontanément, sans réfléchir, tendance à se les reprocher parce qu'il est de bon ton, à une époque donnée, d'afficher ou d'avoir les qualités en question.

Les reproches superficiels

Les reproches superficiels sont ceux qui, ayant une part de vrai, ne vont pas encore suffisamment au fond des choses ; ainsi quand l'intéressé s'accuse par exemple de « travailler trop », de « ne pas être assez disponible », de « trop sortir » ou « pas assez »...

Il arrive souvent que le sujet se fasse des reproches de fond mais trop vagues : « ne pas avoir fait les bons choix », « ne pas avoir pris ses responsabilités », « avoir tout raté ».

Les faux reproches

Viennent enfin les faux reproches ; faux dans la mesure où l'individu se reproche un état de fait qu'il ne peut pas ou plus changer : « ne plus être assez jeune », « être trop jeune », « trop diplômé », « pas assez »...

Il peut s'avérer d'autant plus difficile de faire son autocritique que l'on est déjà culpabilisé, fragilisé et, par conséquent, davantage sur la défensive par peur du jugement et de la sanction.

Le risque est aussi plus important de se soumettre aux valeurs ambiantes et d'être plus sensible aux discours dominants avec, par conséquent, une tendance plus marquée à se reprocher les comportements les moins valorisés socialement.

Si le sujet a, de plus, tendance à vouloir être parfait, s'il est orgueilleux, il accepte encore moins – *a fortiori* s'il se trouve en situation d'échec – de se remettre en cause.

Impossible de rebondir

Pierre a été licencié de son entreprise il y a deux ans. Il a eu depuis divers contacts et opportunités mais, toujours critique, négatif, il a refusé toutes les propositions qui lui ont été faites. Il reste méfiant et suspicieux, persuadé que les postes qui lui sont proposés cachent des pièges. Ainsi les mois passent et Pierre n'a pas retrouvé d'emploi, ce qui, bien qu'il ne le montre pas, le déstabilise énormément.

Pierre se sent d'autant plus coupable qu'il reste la plupart du temps chez lui, devant son ordinateur, fait très peu de démarches, se refermant davantage sur lui-même et sur ses certitudes. Par ailleurs, il voit bien que sa femme vit les choses de plus en plus mal.

Pierre a déjà connu deux échecs professionnels, notamment à cause de son comportement et de ses difficultés relationnelles, ce qu'il a énormément de mal à admettre et plutôt tendance à refouler.

Très orgueilleux, avec un assez fort sentiment de supériorité, il refuse d'autant plus, même s'il la pressent très bien, d'admettre la raison de ses difficultés professionnelles et de se remettre en question. Il ne veut pas reconnaître que ce sont ses problèmes relationnels et, plus tôt dans sa carrière, une erreur de choix professionnel liée à une surestimation de lui-même qui l'ont mis dans cette situation.

Pierre n'est pas vraiment conscient de se sentir coupable de ses échecs. Il se contente donc de critiquer les modes de fonctionnement, les organisations, les stratégies des entreprises dans lesquelles il a travaillé tout comme celles qu'il a été amené à démarcher.

En réalité il culpabilise tellement, il se sent tellement mis en cause et il a tellement peur inconsciemment d'un nouvel échec qu'il reste complètement bloqué. S'il acceptait de faire son autocritique, il culpabiliserait moins, réduirait sa peur de l'échec et pourrait rebondir.

Chapitre 10

Prendre sa vie en main

Une fois que nous avons accepté intérieurement de « grandir », même si selon les enjeux concernés, le passage peut sembler difficile, il devient alors possible de prendre sa vie en main, en décidant de regarder les choses en face, de se poser les bonnes questions, d'aller plus loin tant dans la compréhension de ses blocages que dans la connaissance de ses désirs.

Oser regarder les choses en face

Prendre sa vie en main, c'est d'abord regarder les choses en face et notamment repérer les situations, les personnes qui génèrent particulièrement chez soi le sentiment de culpabilité pour prendre le recul nécessaire et oser petit à petit s'assumer ; sans quoi on risque de rester dans l'angoisse ou sur un ressenti vague, flou, confus, on risque de ne jamais réagir et de rester mal à l'aise tout en sachant, le plus souvent confusément, que nous n'avons pas eu complètement tort, voire que nous avons entièrement raison, en tous cas nos raisons.

Certaines situations nous culpabilisent plus que d'autres ; pas forcément parce que leurs conséquences sont objectivement plus graves ou plus importantes mais parce qu'elles résonnent fortement en nous et nous donnent alors particulièrement l'impression d'avoir commis une faute.

Il est intéressant de pouvoir préciser l'occasion qui engendre la culpabilité : culpabilise-t-on plutôt quand quelqu'un nous fait des reproches ? quand nous connaissons un « échec » ? chaque fois que nous avons à dire « non », à donner notre avis, à affronter un conflit, à nous affirmer ?

Tout comme il est utile de voir et de regarder quelle situation plus particulièrement nous fragilise, il est important d'identifier qui, dans son environnement professionnel et/ou personnel, nous donne ce sentiment d'être coupable. (Je fais ici allusion, en dehors de l'intention même de la personne en question, au sentiment de culpabilité et à la culpabilisation éprouvés par soi.)

S'agit-il d'un enfant, d'un conjoint, d'un compagnon, d'un ami, d'un patron, d'un collègue, ou bien d'un type de personnes : supérieurs hiérarchiques, personnes diplômées, gens riches, intellectuels, artistes, couples ou, à l'inverse, solitaires... ? S'agit-il directement d'un membre de sa famille d'origine : père, mère, frère, sœur, la fratrie en général ? Ou bien encore de tout le monde ?

Repérer, reconnaître que quelqu'un nous culpabilise dans notre univers personnel peut sembler *a priori* plus simple que dans la sphère professionnelle car l'on connaît plus intimement la personne et la nature même de sa relation avec elle ; d'un autre côté cela peut s'avérer plus difficile dans la mesure où la dimension affective et la complexité des relations personnelles parasitent notre lucidité.

Un acte libérateur

En tous cas regarder, prendre le temps de voir vraiment ce qui et qui nous culpabilise est un acte libérateur en soi. Le sujet prend un recul salutaire et peut plus facilement identifier l'origine de son sentiment de culpabilité, sa nature exacte, ses raisons à la fois particulières et profondes et, dès lors, mieux savoir comment s'en libérer.

De l'origine, du type de culpabilisation, dépend le remède. Nous cherchons trop souvent les solutions avant d'avoir correctement posé le problème, la « recette » avant d'avoir regardé, de s'être regardé. Regarder les choses en face, c'est devenir acteur et ne plus subir, ne plus fuir, c'est voir aussi ce que nous nous faisons vivre ; c'est un pas décisif pour décider de se responsabiliser et de changer.

Une mère très culpabilisante

Aicha, 42 ans, vit maritalement, sans enfant. Elle est chargée de clientèle dans une banque. Plutôt équilibrée, calme, elle ne se culpabilise pratiquement jamais, sait faire la part des choses quand on lui fait des reproches. Elle a même plutôt du mal à se remettre en cause, et *a priori* tendance à penser que c'est elle qui a raison et les autres, tort. Par ailleurs, même si elle sait qu'elle pourrait parfois en faire plus dans son travail, par exemple, elle ne stresse pas, ne se bouscule pas.

Face à sa mère, en revanche, elle ne cesse de se faire des reproches et de culpabiliser : de ne pas lui avoir téléphoné, de ne pas être allée la voir un week-end, d'être loin quand elle est malade, du fait qu'elle vieillisse, d'avoir davantage de moyens financiers qu'elle. Et si elle culpabilise parfois de ne pas être mariée ou de ne pas avoir d'enfant, c'est encore vis-à-vis de sa mère, non vis-à-vis d'elle-même !

Au début de nos entretiens, même si Aicha était consciente de ne pas avoir de relations très épanouissantes avec sa mère, elle n'avait pas pris conscience à quel point, à travers ses reproches constants, ses injonctions, ses ordres, sa rigidité, ses idées toutes faites et son absence de tendresse, sa mère la culpabilisait.

Regarder les choses en face, c'est aussi oser se poser des questions. Suis-je satisfait de ma vie, me rend-elle heureux ? Ai-je l'impression de me réaliser, de m'épanouir ? Suis-je en accord avec mes désirs profonds ? Des réponses trop négatives à ces questions doivent mettre sur la voie d'une culpabilité latente.

Mais pourquoi refusons-nous parfois d'y voir clair ?

Refuser de voir s'explique dans la mesure où reconnaître que nous culpabilisons, reconnaître qui nous culpabilise, c'est être, à plus ou moins longue échéance, obligé de prendre ses responsabilités. Or, pour les raisons déjà évoquées, nous préférons précisément différer.

Toutefois, au-delà de cette difficulté à s'assumer, de cette peur d'avoir à se confronter, d'autres facteurs empêchent d'y voir clair.

■ Éviter le malaise

Quand des comportements sont liés, comme la culpabilisation, à des sensations désagréables, inconfortables, nous avons souvent tendance, une fois la « crise » passée, à vouloir au moins jusqu'à la prochaine fois « oublier ». C'est humain.

Dans la mesure où la culpabilisation comme le manque de confiance en soi, la difficulté à s'affirmer, créent un malaise, une sensation d'insécurité, déstabilise, nous préférons paradoxalement en supporter régulièrement les conséquences, même négatives, plutôt que d'y entrer, d'aller voir, comme si l'on risquait d'avoir plus de mal encore à en sortir.

Nous avons tendance parfois par fierté, par orgueil, dans la mesure où nous nous sentons un peu honteux, à refuser de regarder et à préférer ignorer.

Il nous arrive également de préférer ne pas voir car s'écouter, penser à soi, est un signe de valorisation personnelle et peut donc être vécu en tant que tel comme culpabilisant.

■ Un lien affectif

Nous pouvons, dans un autre registre, ne pas oser voir qui nous culpabilise, surtout s'il existe dans la relation, une dimension affective forte ; affective quand celui qui nous culpabilise est un conjoint, un enfant, un ami ; affective par nature et, qui plus est familiale, quand il s'agit de son père, sa mère, d'un frère ou d'une sœur ; affective encore même dans le milieu professionnel, s'il existe une dimension de sympathie, d'amitié réelle ou si l'autre joue beaucoup sur l'affectif.

De fait, dès que l'affectif entre en jeu, nous prenons moins de recul et nous avons davantage tendance à excuser la personne concernée, à la « protéger » pour ne pas la remettre en cause.

Nous pouvons aussi, bien sûr, ne pas vouloir reconnaître que l'autre nous culpabilise pour éviter d'avoir à l'affronter.

Nous pouvons aussi tellement idéaliser l'autre ou la relation à l'autre qu'il n'est pas possible d'imaginer, surtout s'il le fait volontairement, qu'il nous culpabilise, en d'autres termes qu'il nous fait du tort.

Même si nous sommes « adulte », père ou mère de famille, c'est-à-dire *a priori* raisonnablement autonomes affectivement, nous nous trompons souvent en pensant que personne n'a plus de prise sur nous. D'où l'intérêt de tout scruter à la loupe !

Prendre tous les torts à son compte

Carole est très angoissée, avec l'impression que sa vie lui échappe, et elle se sent en dessous de tout. Mauvaise épouse, mauvaise amante, mauvaise mère ; le seul domaine dans lequel son mari ne lui fait pas de reproches, c'est son travail, pour lequel Carole gagne mieux sa vie que lui.

Depuis déjà plusieurs années, ses relations avec son mari ne sont plus très bonnes et Carole est persuadée que tout est de sa faute. Elle se pense trop dure – sans doute de par son éducation –, pas assez démonstrative, se dit frigide, un peu trop intellectuelle, peut-être pas assez fantaisiste, pas assez tendre non plus avec son fils, piètre cuisinière… En fait, Carole pense avoir tous les défauts.

En réalité, son mari et elle ne s'entendent plus mais, comme il la dévalorise sans cesse et l'accuse entièrement de l'état de leur relation, Carole finit par prendre tous les torts à son compte sans du tout identifier que son mari a aussi une part de responsabilité, d'autant qu'il refuse complètement de se remettre en question et d'admettre qu'ils ont évolué chacun différemment.

Parce que Carole est persuadée et coupable de ne pas être à la hauteur, non seulement elle n'a aucun recul mais surtout elle « protège » son mari sans réaliser qu'il la culpabilise sans arrêt au lieu d'essayer, par exemple, de parler franchement avec elle et d'envisager des solutions pour sortir de leur crise.

Il a fallu beaucoup de temps à Carole pour reconnaître que son mari l'a, en fait, toujours culpabilisée, utilisée, puis pour s'accorder à nouveau une valeur et accepter de le voir comme il est vraiment au lieu de s'autodétruire.

Il lui a fallu d'autant plus de temps que Carole savait bien, inconsciemment, qu'une fois reconnu le « jeu » relationnel entre elle et son mari, elle ne pourrait plus l'aimer, et qu'elle aurait sans doute plus tard encore, à prendre une décision de séparation.

Difficile à admettre

Le père de Béatrice, marié à une autre femme que sa mère, ne l'a pas reconnue. Souffrant d'un énorme manque de confiance en elle, Béatrice s'est toujours sentie laide, inintéressante, banale et vit en permanence dans la culpabilité. Compte tenu de son passé, elle attribue toutes ses souffrances, tous ses doutes, tous ses ratés à cette non-reconnaissance paternelle sans parvenir à reconnaître ni à admettre que sa mère, de son côté, l'a toujours humiliée et critiquée dans ses choix, ses goûts, ses amis et, plus tard ses petits amis, non sans une évidente pointe de méchanceté.

Difficile en effet, alors qu'elle manquait déjà cruellement d'amour et de protection, d'accepter que sa propre mère et, en l'occurrence, la seule personne proche d'elle censée l'aimer, ne soit pas aussi bienveillante, aimante à son égard qu'elle se plaisait à le croire.

Béatrice a d'autant plus protégé sa mère que cette dernière, se complaisant dans un rôle de victime, lui a toujours implicitement « demandé » de veiller sur elle et non l'inverse.

Ainsi Béatrice a-t-elle longtemps préféré s'aveugler et mettre un voile sur cette réalité du comportement si destructeur de sa mère à son égard ; et ce pour éviter la souffrance que lui causait le fait de revenir sur l'amour que – pour la seconde fois –, elle n'avait pas reçu et pour éviter d'avoir à en faire définitivement le deuil.

Faites des liens

- Si différentes personnes vous culpabilisent, pouvez-vous établir un rapport entre elles ?
- Faites-vous un lien entre la ou les personnes qui vous culpabilisent (ou vous ont culpabilisé) et les situations dans lesquelles vous vous sentez plus particulièrement coupable ?
- Faites-vous un lien entre la ou les personnes qui vous culpabilisent (ou vous ont culpabilisé) et la principale faute dont vous vous sentez coupable ?

Remonter à l'origine de sa culpabilité

Se faire aider peut s'avérer nécessaire quand la prise de recul est trop difficile et surtout si la culpabilité, *a fortiori* inconsciente, est très forte et conduit à trop d'échecs et de frustrations.

Se poser les bonnes questions

Quand le sujet « culpabilise » de temps en temps, se poser les bonnes questions et prendre du recul est la plupart du temps suffisant pour réaliser le poids des normes, de l'éducation, des modèles, l'influence d'un parent culpabilisateur ou infantilisant, et pour s'en libérer.

On peut noter toutefois que si l'individu culpabilise en permanence, mais surtout et presque uniquement en rapport à des faits plus anodins qu'essentiels, il peut s'agir d'anxiété, d'immaturité ou de manque de confiance en soi, plus que de culpabilité à proprement parler.

Par contre, si le sujet culpabilise de manière récurrente et/ou systématiquement dans une situation donnée, face à une personne en particulier, il est nécessaire de creuser davantage, de remonter à l'origine plus précise de ce sentiment de culpabilité.

De fait, quand le sujet culpabilise fréquemment vis-à-vis de l'un des parents, de ses enfants ou à des moments essentiels pour lui : s'affirmer, choisir un métier, un compagnon, changer de vie, etc., il est courant qu'il existe, pour culpabiliser autant, des inhibitions plus profondes liées à son histoire personnelle et à son enfance. Même s'il n'a rien vécu de dramatique, le sujet a été suffisamment marqué pour en tirer le sentiment qu'il n'est pas assez bien, qu'il fait toujours mal, du mal, qu'il n'a pas le droit, etc., bref qu'il est coupable.

Si identifier la cause du problème, prendre le recul nécessaire peut, là aussi, être suffisant, il convient si ce sentiment de culpabilité empêche de prendre des décisions ou empoisonne son quotidien, d'entamer un travail sur soi plus approfondi pour remonter à l'origine du blocage.

Enfin, quand le sujet vit en permanence dans la culpabilité, quand il se sent coupable pour tout, il convient de prendre sa vie en main et sans doute de décider de vivre autrement en faisant un travail sur soi.

Si le sujet n'est pas encore conscient de sa culpabilité, des blocages, des échecs, des fuites à répétitions, une angoisse, un malaise permanents doivent l'alerter.

Faire un travail sur soi

Même après s'être interrogé un certain temps en seul à seul, si l'on ne réussit pas à vivre sans culpabiliser, il y a intérêt à envisager de se faire aider. Plusieurs types de thérapies sont efficaces. Tout dépend du degré du sentiment de culpabilité et des facteurs qui en sont à l'origine.

Les psychothérapies

Les psychothérapies permettent de prendre conscience de l'impact de certains évènements, de certaines personnalités et de mieux comprendre les mécanismes qui président au sentiment de culpabilité, de déjouer les peurs et les résistances inconscientes.

Nommer, formuler, permet à la fois une libération et la récupération par le sujet de ses propres valeurs, désirs, besoins.

La psychanalyse

Sur un plan plus profond encore, la psychanalyse[1] permet au sujet, notamment à travers l'association libre – la position allongée favorisant la levée des censures –, l'analyse des rêves, le mécanisme du transfert, de mettre des mots, ses mots sur sa culpabilité et d'avoir ainsi plus facilement accès à son inconscient, surtout quand le sujet ne veut rien « savoir ».

L'approche est efficace pour les individus qui vivent de très fortes angoisses et qui sont dans un processus d'échec et d'autodestruction avec une incapacité à vivre des relations affectives satisfaisantes et/ou à s'inscrire socialement.

1. La psychanalyse, de la famille des psychothérapies, découverte par Sigmund Freud, permet une exploration très profonde de l'inconscient.

Les thérapies corporelles et/ou énergétiques

Les thérapies corporelles et énergétiques, visant à libérer les mémoires émotionnelles négatives inscrites dans le corps, sont particulièrement intéressantes dans le cas de culpabilités très profondément ancrées, archaïques, transgénérationnelles et quand, même après avoir pris conscience, nommé, verbalisé au cours de psychothérapies, l'état émotionnel de culpabilité demeure.

Chapitre 11

Quelques pistes pour se libérer de ses culpabilités

En dehors des « petites » culpabilisations quotidiennes et « normales » vécues par tout un chacun et, à l'autre extrême, de l'état de culpabilité avéré pour lequel il semble nécessaire de travailler au niveau de l'inconscient, il existe quelques principes de base pour prendre, en toute situation, plus facilement du recul et, au fil du temps, réussir à être davantage soi-même sans culpabiliser.

Il y a toujours deux plans à prendre en compte :

- le plan rationnel : pour savoir faire la part de ses responsabilités ;
- le plan émotionnel : pour se libérer des interdits et des peurs sans lesquels nous aurions nettement moins tendance à culpabiliser – peur de l'autorité, de ne pas convenir, de ne pas être dans les normes, de ne pas être comme il faut.

Piste n° 1 – Identifier de quoi l'on se sent coupable

On a toujours intérêt, quand on se culpabilise, à se demander ce qui est « en jeu » pour soi.

Il est en effet important de prendre conscience le plus précisément possible de ce qui se passe en soi pour arrêter le mécanisme et ne pas se laisser envahir. C'est le premier réflexe à avoir. Mieux l'on définit le contenu de sa culpabilité et mieux l'on peut faire face. Les résonances et les causes ne sont pas les mêmes. Qu'est-ce qui culpabilise exactement ? Quelle « faute » précise pense-t-on avoir commise ? Au fond que se reproche-t-on ?

Il est important de ne pas s'arrêter à la première réponse venant à l'esprit et de ne pas hésiter à creuser. Un arbre peut cacher la forêt… En effet, pour les motifs déjà évoqués, il nous arrive fréquemment d'occulter ce qui – ou qui – vraiment nous culpabilise ou de minimiser la chose.

On peut, par exemple, penser culpabiliser parce que l'on est en retard puis réaliser, à mieux y réfléchir, que l'on se culpabilise, en fait, de sembler laxiste ou impoli ou de révéler que l'on n'est pas irréprochable. Au-delà du retard lui-même, il est également possible de culpabiliser d'avoir, pour une fois, osé faire passer en priorité quelque chose d'important pour soi !

On peut penser culpabiliser d'un échec passé alors que le fond du problème peut être, par exemple, de ne pas se sentir conforme aux attentes de son milieu social.

On peut penser se culpabiliser parce que l'on a abandonné une équipe puis comprendre, en y réfléchissant mieux, que l'on culpabilise tout simplement parce que, pour une fois, l'on est dans son désir !

Il est donc parfois difficile de voir là où l'on a vraiment à se questionner ! Nous occultons souvent le principal, le vrai contenu de notre sentiment de culpabilité. Toutefois, plus on y voit clair et plus on est en mesure de prendre ses responsabilités. Il convient donc de ne pas s'arrêter à la première réponse et de ne pas hésiter à creuser. De plus, la « faute » une fois nommée paraît souvent dérisoire ou totalement irrationnelle, et nous pouvons alors nous libérer plus facilement !

Piste n° 2 – Faire les liens

Une fois identifié ce qui vraiment nous donne un sentiment de culpabilité, il convient de faire le lien avec une personne, un environnement qui, aujourd'hui ou dans le passé, nous a demandé ou interdit de faire, d'être ce que précisément nous nous reprochons.

Plus la relation avec cette personne est ancienne, affective, plus celle-ci incarne un pouvoir ou un modèle pour soi, voire plus elle nous culpabilise ou nous infantilise et plus il peut s'avérer difficile d'établir le lien.

Piste n° 3 – Rechercher l'origine de sa culpabilité

Il est essentiel de repérer tout ce qui peut être à l'origine de son sentiment de culpabilité. Il existe rarement une seule raison. Voici quelques questions à se poser.

- Y a-t-il eu dans votre passé familial un évènement négatif dont vous avez pu vous croire coupable ?
- L'un de vos parents était-il très exigeant avec vous ?
- Votre éducation a t-elle été stricte, rigide ?
- Vos parents eux-mêmes vivaient-ils dans la culpabilité ?
- Y a-t-il une personne qui a toujours tendance à vous culpabiliser ?
- Vivez-vous, travaillez-vous dans un milieu culpabilisant, infantilisant ?
- Visiter les éventuelles fragilités, inhibitions personnelles qui accentuent la tendance à culpabiliser, peut aussi vous mettre sur la voie : manque de confiance, peur de l'autorité, besoin de reconnaissance, etc.

Piste n° 4 – Prendre conscience de ses « devoirs »

Quelle que soit sa tendance à culpabiliser, il est bon de repérer ses zones de fragilité, ses lignes de faille, en l'occurrence ses devoirs, ses interdits, ses peurs. On en sort dans tous les cas renforcé et l'on se libère plus facilement.

S'il existe des devoirs sociaux explicites et souvent conscients, il en existe d'autres plus inconscients qui sont, eux, de véritables entraves à l'épanouissement et des terrains extraordinairement propices à la culpabilisation.

Il est essentiel de les repérer. En voici quelques-uns :

- le devoir de s'effacer,
- le devoir d'être dans les normes,
- le devoir de ne pas décevoir,
- le devoir de se taire,
- le devoir de supporter,
- le devoir de se contrôler,
- le devoir de plaire,
- le devoir de tout et toujours réussir,
- le devoir d'être parfait, d'être excellent,
- le devoir de se soumettre à l'autorité,
- le devoir de faire son devoir,

etc.

... et de ses interdits

Quand les devoirs sont très forts, ils se convertissent – nous l'avons vu – en interdits. Il est très efficace, là encore, de savoir les identifier pour mieux s'en libérer :

- l'interdit de briller,
- l'interdit d'être différent,
- l'interdit de se rebeller,
- l'interdit de se laisser aller,
- l'interdit de déplaire,
- l'interdit d'échouer,
- l'interdit d'avoir des faiblesses, des failles,
- l'interdit de se faire plaisir,
- l'interdit d'être heureux,

etc.

Piste n° 5 – Se donner des autorisations

Lorsque l'on a identifié son devoir ou son interdit, il est fondamental de se donner à soi-même ses propres autorisations. C'est un levier précieux pour s'assumer et être soi-même.

Exemples :

- **on m'a donné le devoir de m'effacer → j'ai le droit de me montrer, de passer en premier ;**
- **on m'a donné le devoir de réussir → j'ai le droit de ne pas tout réussir ;**
- **on m'a donné le devoir de faire mon devoir → j'ai le droit de ne pas faire mon devoir ;**
- **on m'a interdit de déplaire → je me donne le droit de déplaire ;**
- **on m'a interdit d'échouer → je me donne le droit d'échouer ;**
- **on m'a interdit de me faire plaisir → je me donne le droit de me faire plaisir ;**

etc.

Piste n° 6 – Faire son autocritique

Nous avons vu qu'il est important de faire son autocritique le plus honnêtement possible : en reconnaissant ses torts, ses erreurs, on fait mieux la part des choses, on reconnaît plus facilement, le cas échéant, la part de responsabilité de l'autre ainsi que le positif en soi.

Pour y voir clair, nous avons surtout intérêt à analyser et à distinguer :

- En quoi nos « manques » (c'est-à-dire nos défauts, nos imperfections, nos limites, nos mauvaises réactions etc.) ont ou n'ont pas une réelle incidence sur nos performances, notre bonheur, notre image, notre réussite. Si l'incidence est nulle ou faible, il reste, en fonction de nos propres exigences, à choisir soit d'essayer de se parfaire, soit de nous accepter simplement tels que nous sommes, à savoir imparfaits !

- En quoi nos « manques » risquent d'avoir des conséquences négatives sur notre image, notre efficacité, nos relations : il peut alors s'avérer nécessaire de chercher à pallier, compenser, se modifier ou bien changer d'univers, de milieu.
- En quoi ces « manques », cette différence sont en réalité un « plus », en tous cas dans d'autres circonstances, d'autres milieux : on a, dans ce cas, plutôt intérêt à les valoriser.

Piste n° 7 – Chercher des solutions constructives

Moins culpabiliser, c'est sortir d'une attitude masochiste, d'une attitude de jugement sur soi et, plutôt que de se punir, voir comment agir et chercher des solutions constructives.

Pour évoluer, il est bon de se demander ce qui est réparable, ce qu'il conviendrait de faire, une prochaine fois, dans la même situation, ce que l'on peut mettre en œuvre de positif, de constructif pour soi et pour son entourage ; à travers quelle réaction, quelle attitude, quel discours, quelle décision, quel changement, etc.

Outre le fait de sortir à proprement parler de la culpabilité, se mobiliser sur la recherche de solutions permet aussi de travailler ce qui freine, ce qui fait peur et donc, plus concrètement, de pouvoir changer.

Piste n° 8 – Et toujours se demander si l'on est prêt à prendre ses responsabilités, toutes ses responsabilités...

Dans la mesure où l'on a plutôt toujours tendance, par facilité, par peur, pour se protéger, à fuir nos responsabilités, il est utile, chaque fois que point le sentiment de culpabilité, de se demander si l'on est prêt à prendre ses responsabilités, toutes ses responsabilités...

Méthode à suivre

- Identifier de quoi l'on se sent coupable.
- Faire les liens.
- Rechercher l'origine de sa culpabilité.
- Prendre conscience de ses « devoirs »... et de ses interdits.
- Se donner des autorisations.
- Faire son autocritique.
- Chercher des solutions constructives.
- Et toujours se demander si l'on est prêt à prendre ses responsabilités, toutes ses responsabilités...

Chapitre 12

Sept situations à haut risque : conseils d'urgence

Il existe des situations à risque dans lesquelles il s'avère pour tout un chacun assez difficile de résister à la culpabilité : échecs, ruptures, cas de conscience, crise, reproches ; et dans lesquelles il est d'autant plus urgent d'avoir le réflexe d'établir le lien avec son passé, de faire la part des choses, de ne jamais non plus perdre de vue le positif en soi.

Le sentiment de culpabilité, dans les situations qui seront évoquées, a parfois des origines complexes, anciennes, qui appellent une introspection plus approfondie.

Il est possible toutefois, dans de nombreux cas, de juguler le sentiment de culpabilité en adoptant des attitudes positives et en ayant des réactions saines qui peuvent s'avérer suffisantes.

Situation n°1 – « La » personne qui vous culpabilise

Nous avons tous rencontré des personnes qui cherchent toujours à culpabiliser les autres ; elles se posent plus ou moins consciemment en victime, cherchent particulièrement à ce que l'on s'occupe d'elles ou bien encore refusent de s'assumer. Il est difficile, notamment quand il existe avec elles un lien affectif, de résister à leur pouvoir de nuisance.

Identifier comment « elle » vous culpabilise

Une fois repéré qu'une personne cherche à nous culpabiliser, il est bon d'identifier comment. Le fait d'en être conscient permet de se soustraire plus facilement à l'influence ainsi établie. Souvent, dans l'émotion et la confusion, on ne voit pas comment l'on est atteint par l'autre. Mieux l'on comprend comment et à quel moment l'autre nous « touche » et plus on peut échapper à son pouvoir.

Voici une liste de petits faits « assassins » qui ne peut être exhaustive car, dans ce domaine, la créativité est grande, mais relativement complète toutefois. Aussi grossier que soit le procédé, il reste néanmoins difficile à percevoir si l'on a déjà une forte tendance à culpabiliser.

L'autre peut déclencher un sentiment de culpabilité quand :

- il ne dit rien ni en positif ni en négatif,
- il ne dit que le négatif, jamais le positif,
- il fait mine de poser des questions pour souligner ce qui n'a pas été fait,
- il minimise vos résultats, vos actions, vos efforts,
- il fait toujours des remarques, des reproches,
- il pose toujours plus d'exigences,
- il ne fait jamais de compliments,
- il vous humilie face à d'autres,
- il se met toujours dans le rôle de l'ultra compétent,
- il se met toujours dans le rôle de l'infaillible,
- il ne communique pas, ne dialogue pas,
- il cache des choses que l'on mériterait de savoir,
- il ne parle jamais franchement,
- il divise pour mieux régner,
- il est injuste,
- il abuse de son pouvoir,
- il joue sur l'affectif,
- il ne donne pas de signes de reconnaissance,
- il est lunatique.

Etc.

Plus spécifiquement, dans la sphère privée, un conjoint, un membre de votre famille, un « ami » peut nous culpabiliser quand :

- il porte régulièrement un jugement négatif sur nos choix, nos valeurs, nos comportements,
- il ne parle jamais de lui, notamment de ses difficultés,
- il cherche à se valoriser, particulièrement en présence d'autres personnes,
- il est toujours dans la séduction,
- il accorde peu d'importance à ce que l'on fait,
- il fait des demandes abusives.

Etc.

Identifier pourquoi « elle » cherche à vous culpabiliser

Comprendre pourquoi l'autre cherche, plus ou moins consciemment, à nous culpabiliser et/ou à nous infantiliser, nous permet de prendre le recul nécessaire pour ne pas nous sentir en faute.

La personne qui cherche à en culpabiliser une autre a forcément une intention toute personnelle, une « demande », une fragilité... On ne culpabilise jamais quelqu'un sans raison.

- Cherche-t-elle à avoir une influence sur nous pour nous manipuler, obtenir davantage, mieux négocier, etc. ?
- Cherche-t-elle à se débarrasser d'un problème, à nous en faire porter la responsabilité ?
- Nous culpabilise-t-elle, victime elle-même de « devoirs » qu'elle cherche, sans même s'en rendre compte, à nous imposer ?
- Fonctionne-t-elle elle-même dans la culpabilité et nous fait-elle subir la même pression que celle qu'elle subit ?
- Se plaît-elle à jouer les victimes pour attirer l'attention sur elle, être plainte ou prise en charge ?

- Compense-t-elle ses propres frustrations ?
- Éprouve-t-elle le plaisir de vérifier le pouvoir, en l'occurrence très infantile, qu'elle a sur les autres ?

Etc.

Savoir décoder la peur de l'autre

Les personnes qui cherchent à culpabiliser les autres ont souvent peur : peur d'être jugées, d'être prises en défaut, de ne pas être à la hauteur. Elles se protègent ainsi d'« attaques » possibles, d'une éventuelle remise en cause. Il peut s'agir d'individus particulièrement anxieux, qui doutent d'eux-mêmes et qui prennent les devants parce qu'ils ne peuvent pas supporter l'éventuelle responsabilité d'une erreur, d'un retard, etc.

Identifier sa propre peur

Si l'on abandonne son pouvoir à quelqu'un en se soumettant d'une certaine façon à son jugement, c'est qu'il existe aussi en soi une « peur » importante. Il est essentiel d'en identifier la nature. S'agit-il de :

- la peur de l'autorité ?
- la peur du conflit ?
- la peur de déplaire ?
- la peur de ne pas être entendu ?
- la peur de ne pas être reconnu ?
- la peur de ne pas/plus être aimé ?

Etc.

Prendre conscience de ses projections

Nous attribuons parfois nous-même un pouvoir à l'autre parce que – nous l'avons vu –, il incarne pour nous un modèle, un idéal et/ou parce que l'on projette sur lui ses propres craintes d'être mal jugé. Quand on culpabilise en présence d'une personne sans que rien ou presque dans son comportement ne l'ait induit, il est probable que nous projetons.

Il convient alors de se demander ce que cette personne incarne pour nous, à qui d'autre nous fait-elle penser et de repérer dans son passé, dans ses modèles, ce à quoi elle nous renvoie : autorité, réussite, pouvoir... ?

Situation n° 2 – Être l'objet de reproches

Avec des intentions plus ou moins positives de la part d'autrui, nous sommes tous inévitablement l'objet de reproches justifiés ou non, explicites ou implicites à travers le ton employé, une question, une remarque.

Il est bien entendu possible d'y réfléchir, d'argumenter, de les réfuter, de s'adapter, de chercher à s'améliorer mais aussi de culpabiliser ! Quand des reproches lui sont adressés, l'individu peut réagir de différentes façons :

- Prêter peu d'attention à ce qui lui est reproché, soit parce qu'il n'a pas du tout tendance à culpabiliser, soit parce qu'il nie, refoule ce qui lui a été dit ; il s'agit d'une attitude de protection, d'un refus soit de toute culpabilité, soit de se remettre en question, soit de prendre ses responsabilités.
- Assumer plus ou moins bien les reproches en fonction de l'intensité de son sentiment de culpabilité et/ou de l'habitude qu'il a de chercher à s'adapter, à évoluer par rapport aux reproches qui lui sont faits. Si les reproches qui lui sont adressés sont identiques à ceux que le sujet est porté lui-même à se faire, sans doute contiennent-ils alors une part de vérité ; ce qui peut faire culpabiliser l'individu d'autant plus... ou lui faire prendre plus rapidement ses « responsabilités ».
- Connaître un fort sentiment de culpabilité qu'il endosse entièrement.

Dans ce cas, on peut supposer que :

- les reproches vraiment justifiés touchent profondément le sujet,
- la personne, dans sa manière d'adresser ses reproches, a été culpabilisante,

- l'individu n'a pas l'habitude de se faire lui-même des reproches ni celle de se remettre en cause. Il tombe alors des nues car il se pensait irréprochable, pour ne pas dire « parfait »,
- le sujet vit de toute façon dans la culpabilité : le malaise n'en est alors que plus aigu.

Discerner si les reproches sont justifiés

Il est incontournable d'identifier si les reproches qui nous sont adressés sont justifiés ou non.

S'ils ne le sont pas ou pas entièrement, il convient aussitôt de chercher à savoir si l'autre n'est pas en train de nous culpabiliser. Et si oui, comment et pourquoi ? Si, à l'inverse, ces reproches sont complètement ou en partie justifiés, on ne peut qu'accepter de regarder honnêtement les choses en face : qu'a-t-on vraiment, objectivement, à se reprocher ?

Ne pas s'abîmer dans le négatif et prendre en compte le positif en soi

Il est bon, *a fortiori* si les reproches sont justifiés, de revisiter le positif en soi ; les qualités, les atouts, les efforts, les apports voire, quand cela est possible, de les faire exprimer par l'autre pour l'inviter à se positionner et restaurer ainsi une meilleure appréciation de soi.

Pour éviter d'être submergé par la vague, il est efficace, si l'on est très sensible aux reproches, de réaliser que l'on est probablement aussi particulièrement sensible à la notion de « devoir » ; devoir de réussir, de ne pas décevoir, de bien faire, d'être parfait ! On peut aussi accepter tout simplement d'être imparfait !

Trouver les arguments justes

Le passé a toujours des résonances sur le présent. Il peut donc être utile de regarder si, dans son passé, il nous a été fréquemment adressé des reproches, s'il existait une forte tendance à nous culpabiliser.

Si tel est le cas, il est nécessaire d'opérer une distinction avec la situation présente de manière à trouver plus facilement les bons arguments ou les bonnes solutions. Si l'on a par le passé connu des échecs, il est utile d'analyser, pour éviter de tout amalgamer, si les reproches d'aujourd'hui, fondés ou non, ont un lien avec ces échecs.

Toutefois, si l'on découvre une corrélation, il est bon d'en profiter pour mettre tout à plat et reconnaître sa part réelle de responsabilité.

Ne pas se laisser envahir par la culpabilité

Quand il culpabilise, l'individu a souvent honte et n'ose pas en parler. La tendance est plutôt de ruminer et de tourner en rond. Il s'avère plutôt salutaire de parler franchement à des personnes de confiance de ce dont on se sent coupable pour prendre une meilleure distance et s'alléger.

Situation n°3 – La situation de crise, de conflit

Même si l'individu n'a pas une grande propension à se sentir en faute, les périodes difficiles, tendues, les situations de conflit sont toujours critiques, celles où le risque de culpabiliser est le plus grand. C'est évidemment en situation de crise que l'on est le plus enclin à se faire des reproches.

Que l'on se fasse soi-même des critiques, que d'autres nous en adressent ou bien que la réalité, dans la mesure où il y a « problème », nous donne « tort », l'essentiel est de faire la part des choses et une fois encore de prendre ses responsabilités.

Analyser ce qu'il y a vraiment à se « reprocher »

Que nous nous culpabilisions ou pas mais, *a fortiori* quand c'est le cas, nous ne nous faisons pas toujours les « bons » reproches ou, plus précisément, les reproches justes. Nous finissons d'ailleurs par nous en apercevoir dans la mesure où la situation la plupart du temps n'évolue pas.

Il est important, quand cela est nécessaire, de discerner ce qu'il convient réellement de se reprocher : c'est seulement à partir de là que l'on peut commencer à remédier au problème.

Prendre en compte la responsabilité d'autrui

Dans toute difficulté et même en cas d'échec, nous sommes rarement seuls en cause. Même si ce n'est pas immédiatement visible et si l'autre cherche à nous faire jouer le mauvais rôle, les responsabilités sont la plupart du temps partagées. Au plan professionnel, par exemple, l'autre peut ou a pu :

- nous utiliser,
- ne pas avoir prêté suffisamment attention à nos motivations et à nos compétences ou, tout simplement, à nous-même,
- ne pas nous avoir suffisamment « briefé »,
- ne pas avoir été suffisamment clair sur ce qu'il attendait,
- ne pas avoir dit les choses à temps,
- avoir mal évalué nos potentiels.

Au plan personnel, l'autre peut ou a pu :

- ne pas favoriser le dialogue,
- être trop en demande,
- refuser lui-même de se remettre en question.

Etc.

C'est parfois l'attitude de l'autre qui provoque en nous des comportements certes non adéquats, mais que nous n'aurions peut-être pas s'il réagissait autrement.

Apprécier la situation globale

Pour éviter de trop culpabiliser et s'accepter là où l'on en est, il est toujours fructueux d'identifier tout ce que l'on fait « bien », tous les domaines dans lesquels l'on n'a rien ou peu à se reprocher. Nous avons toujours tendance à amplifier le négatif et à ne pas voir le positif.

Même quand on a des reproches à se faire, prendre en compte la situation globale dans laquelle on se trouve ou dans laquelle on était permet de faire la part des choses ; si nous pensons, par exemple, ne pas avoir fait le bon choix à un moment donné, il est utile de réaliser que nous ne pouvions pas tout prévoir, qu'à cette époque nous avions peut-être d'autres priorités, etc.

Ne pas exiger de soi d'être parfait

Avez-vous tendance à être très exigeant avec vous-même ? À vouloir être parfait ? À avoir du mal à vous remettre en cause ?

Plus on est exigeant, plus le risque est grand de culpabiliser et d'avoir du mal à faire la part des choses ; c'est-à-dire non seulement à prendre en compte les responsabilités de l'autre mais à voir ce que l'on a vraiment à se reprocher.

Faire tout pour communiquer

Reconnaître ses erreurs, s'expliquer sur sa réaction, sa conduite, sa position, mettre en avant le positif, chercher un terrain de dialogue, proposer et présenter si possible à l'autre, ou du moins à soi-même, ce que l'on compte faire pour améliorer la situation,... vaut beaucoup mieux que culpabiliser.

Prendre encore et toujours ses responsabilités

Il se peut, bien sûr, que l'on ait vraiment à évoluer sur un point : si c'est le cas, la solution est de prendre ses responsabilités mais pas de se culpabiliser.

Situation n°4 – La situation d'« échec »

Plus fortement encore que lorsque nous sommes en difficulté, nous avons nettement tendance à culpabiliser quand nous sommes en situation d'échec ou quand nous le vivons comme tel : séparation, rupture, licenciement, perte d'un contrat, refus d'une promotion, etc.

Nous culpabilisons d'autant plus qu'il existe une réalité objective – nous sommes bien en faute puisqu'il y a la sanction de l'échec ! – et qu'en général nous avons toujours, en mode mineur ou majeur, quelque chose à nous reprocher dans ce type de situation, ne serait-ce que de ne pas avoir réagi à temps.

Si l'échec favorise la culpabilisation, l'un et l'autre ne sont pas indissociablement liés. Même si dans notre culture l'on a – c'est vrai – tendance à culpabiliser et à mal vivre les échecs, ce n'est malgré tout nullement une obligation !

Résister à la culpabilité

Quand il est en situation d'échec, le sujet a tendance à plonger dans la culpabilisation, à mal le vivre, d'autant que la sanction tombée est bien la preuve qu'il est coupable ! Rien – ou presque – ne peut davantage lui donner l'impression d'être en faute. Le risque est de finir par croire qu'il est vraiment « nul » ; c'est pourquoi il est très difficile alors de ne pas culpabiliser.

Toutefois, même dans le cas où nous avons une très grande responsabilité dans la situation telle qu'elle est, culpabiliser non seulement ne sert à rien mais empêche surtout de trouver les solutions.

Ne pas jouer les victimes

Jouer les victimes pour ne pas assumer ses responsabilités est une mauvaise solution. Le meilleur moyen de sortir de la culpabilité est de prendre ses responsabilités, de se remettre en cause et/ou de se positionner, voire de s'affirmer face aux autres.

Toutefois, nous avons tous plus ou moins tendance, précisément pour éviter d'avoir à le faire, à nous plaindre de la situation et à nous contenter d'accuser les faits extérieurs, les autres, l'autre. Même si, dans certains cas, il y a une part de vérité, cela n'empêche pas que nous ayons de toute manière à prendre nos responsabilités.

Regarder ses erreurs en face

Regarder ses torts, ses erreurs en face, analyser objectivement, calmement les raisons de l'échec et ce que l'on aurait pu faire d'autre est incontournable.

Or, comme la charge émotionnelle est souvent importante quand nous sommes en situation d'échec, dans la mesure où il y a souvent un « deuil » à faire – celui d'un espoir, d'une personne, d'une ambition –, on est encore moins objectif et l'on a tendance à (se) voir tout en noir.

Revisiter les échecs passés

Quand le sujet a connu par le passé un ou des échecs scolaires, professionnels, relationnels, amoureux, surtout s'il y a eu répétition ou impression de répétition du même type d'échec, il est *a priori* plus sensible à la culpabilisation. Même si l'échec est ancien, il n'en est pas oublié pour autant.

Ainsi, même si l'on a réalisé beaucoup de choses depuis, on a toujours intérêt – quand on culpabilise – à revisiter les échecs passés pour les dépasser complètement.

Faire la part des responsabilités

Certes, nous avons notre part de responsabilité mais, là encore, nous ne sommes probablement pas seul à la porter. Et même si – configuration extrêmement rare – c'était le cas, il convient, au risque sinon de rester complètement bloqué, de s'apaiser en se disant que de toute manière, à ce moment-là de sa vie, de sa lucidité, nous ne pouvions pas faire autrement, et d'accepter.

Décoder les normes, modèles, valeurs du « milieu » où l'on n'a pas réussi

Repérer les normes, modèles, valeurs dominantes du milieu dans lequel – et même de la personne avec laquelle – nous avons échoué et essayer d'analyser s'ils ont eu un impact sur notre échec d'aujourd'hui, peut s'avérer très utile.

Si c'est le cas, il est réparateur non seulement d'analyser ses propres normes, valeurs, désirs, besoins, éventuellement de repérer en quoi l'on est « différent », mais aussi de voir en quoi et comment nous allons pouvoir davantage en tenir compte à l'avenir si tel est notre choix ou si cela s'avère nécessaire pour notre réussite future.

Analyser pourquoi l'échec est si difficile à vivre

Si l'échec est particulièrement difficile à vivre, il est utile de se poser les bonnes questions.

- A-t-on connu des échecs ? similaires ou différents ?
- Retrouve-t-on des reproches identiques à se faire ?
- L'échec était-il permis/interdit dans la famille ?
- N'a-t-on eu que des modèles de réussite ?
- S'est-on juré de tout réussir ?
- S'est-on juré de réussir précisément ce que l'on vient de rater ?
- Est-ce un échec pour soi ou par rapport aux autres ? vis-à-vis de sa famille ? par rapport à ce que l'on s'était fixé ? par rapport aux modèles, aux valeurs de son milieu ?

Il ne faut pas hésiter à balayer tous ces points pour regarder autrement son « échec » et pouvoir en dire et en faire autre chose.

Savoir tirer les leçons

Nous apprenons davantage de nos erreurs et de nos échecs que de nos réussites. Profiter de cet échec pour mettre les choses à plat, pour identifier ce que l'on a intérêt à modifier, à changer dans notre comportement, notre manière de voir, notre façon d'être, peut s'avérer une réelle opportunité.

Les vrais échecs sont ceux qui n'apportent rien. Même si l'on a une grosse part de responsabilité, en tirer les leçons permet de prendre les bonnes résolutions et les bonnes décisions pour l'avenir.

Situation n°5 – Les cas de conscience

Quand on a une décision à prendre où l'affectif est concerné – se séparer de quelqu'un, mettre son fils en pension, changer de ville en laissant derrière soi ses parents âgés, changer radicalement de voie en sachant que l'équilibre financier de la famille en sera modifié...–, il est fréquent de culpabiliser plus que de coutume.

Considérer ce que l'on assume déjà

Pour ne pas sombrer dans la culpabilisation et le négatif, il est important de prendre en compte ce que l'on assume déjà, ce que l'on a déjà fait par rapport aux personnes concernées et ce que l'on envisage encore de faire pour eux.

Ne pas oublier de s'expliquer

Quelle que soit sa décision, penser à s'expliquer est une aide précieuse ; non pas se justifier mais expliquer sa décision, son choix et même parler de son cas de conscience, de ses scrupules, de ses doutes mais aussi de ses propres besoins.

Être dans l'empathie

Si l'on souhaite épargner, ménager l'autre ou si l'on craint de le blesser, de le choquer, être dans l'empathie, attentif à lui, se mettre à sa place pour comprendre ce qu'il peut ressentir, anticiper ses réactions, a toujours des effets très positifs.

Non seulement la personne concernée, en se sentant prise en compte, reconnue, accepte mieux le choix qui est le nôtre mais nous sommes *a priori* nous-même plus à l'aise, moins culpabilisé. Nous sommes là dans un schéma de responsabilisation et de relation adulte/adulte entièrement positif dans lequel tout le monde se trouve grandi, reconnu et apaisé.

Penser à soi

Même si l'on tient compte, dans tous les cas, de ce que l'autre peut penser, ressentir, même si l'on peut à l'idée de faire du déplaisir, du « mal » à l'autre, s'en trouver soi-même « malheureux », il convient de ne pas oublier de penser à soi ; sans quoi nous risquons, non seulement de revenir à la case départ mais surtout de ne pas instaurer avec l'autre des relations aussi saines, pleines et durables qu'elles pourraient l'être.

Situation n° 6 – Avoir à s'affirmer, à dire « non »

Avoir à s'affirmer, à dire non est pour nombre d'entre nous une situation hautement culpabilisante.

C'est parce que l'individu pense la plupart du temps transgresser des interdits quand il doit dire non, par exemple, ou s'affirmer, qu'il éprouve si fréquemment un fort sentiment de culpabilité. Si nous avons été élevé dans la crainte de décevoir, de déplaire et/ou dans le « devoir » de ne pas contrarier l'autre, d'être « gentil », obéissant, alors s'affirmer est pour nous bien souvent synonyme de culpabilité.

Culpabiliser par rapport à une erreur, une réaction, un comportement – un manque de générosité, de gentillesse, d'écoute qui risquent même d'être négatifs pour soi en termes d'image, de résultats, de qualité de relations – est une chose. Se culpabiliser par rapport à un acte, une prise de position, une décision dont les conséquences sont *a priori* toutes positives pour soi en termes de plaisir, d'épanouissement, de progression, est toujours le signe d'une forte tendance à la culpabilité, d'un interdit particulièrement difficile à transgresser ou d'un manque de confiance en soi.

C'est pourquoi il est là particulièrement opportun de revisiter son passé et d'identifier sa peur ; celle de l'autorité, de s'exprimer, de décevoir, de ne plus être aimé, d'être vivant...

Faire le point sur ses arguments, ses désirs

Avant même de chercher à s'affirmer, il est nécessaire pour se sentir plus solide et intégrer qu'ils sont *a priori* légitimes, de faire le point, en fonction de la situation, sur ses désirs, ses besoins, ses arguments.

Ne pas abandonner son pouvoir à l'autre

Pour s'affirmer, pour oser dire non ou oui, il convient surtout de ne pas abandonner son pouvoir à l'autre, de ne pas s'infantiliser. Il est bon de se souvenir que nous sommes, quel que soit notre passé, notre éducation, dans un monde d'adultes où chacun peut en réalité exprimer son point de vue.

Si cela semble irréalisable, si nous nous sentons soumis à l'autre, à son regard, à son jugement, il convient de nous interroger ; il y a probablement dans notre histoire une personne, un contexte, un environnement qui n'a pas favorisé notre propre expression. Nous pouvons nous demander, par exemple, ce que représente pour soi l'autorité ou face à qui, enfant, nous avions peur de nous affirmer. Nous pouvons également regarder l'autre tel qu'il est, avec le pouvoir réel qu'il a à présent sur nous, et cesser de le magnifier, de l'idéaliser, de lui laisser toute la place.

Identifier ce qui nous retient

Identifier les freins qui nous empêchent aujourd'hui encore de vivre, de faire, de dire ce que l'on désire est une étape essentielle. Cela peut nous entraîner très loin dans le passé, mais il n'y a guère le choix. Voici quelques pistes.

- Repérer le pouvoir qu'une personne a pu jadis avoir sur soi.
- Prendre conscience de tous les devoirs, obligations, interdits qui ont pu être et qui sont encore aujourd'hui les siens.
- Savoir repérer la culpabilité inconsciente que l'on peut avoir.

Visualiser les bénéfices pour soi

Au lieu d'imaginer des sanctions ou des conséquences négatives, il est préférable de visualiser tous les bénéfices pour soi à s'affirmer, tout ce que l'on a à gagner. C'est une condition incontournable pour oser s'affirmer.

Situation n°7 – Être très exigeant avec soi-même

Si être très exigeant avec soi-même, avoir un idéal élevé, favorise l'évolution, la progression du sujet, cette exigence – nous l'avons vu – cache aussi souvent une forme plus ou moins larvée de culpabilité et favorise, dans un cercle vicieux, un terrain propice à la culpabilisation.

Savoir repérer ses axes de progrès

Si les reproches justifiés, le jugement sur soi sont nécessaires pour évoluer et définir des axes de progression... être trop exigeant peut et doit être objet de questionnement pour le sujet.

S'auto-analyser

Il est important de veiller à ne pas être non plus trop perfectionniste, idéaliste, entier, car nous risquons ainsi de ressentir en permanence un sentiment latent sinon de culpabilité, du moins d'insatisfaction.

Quand on est trop exigeant avec soi-même, il peut être bénéfique de se demander pourquoi :

- A-t-on autant de mal à s'accepter tel que l'on est ?
- Est-on si exigeant avec soi-même ?
- A-t-on un tel désir de perfection, de maîtrise ?
- Qui s'est-on promis un jour de ne jamais décevoir ? soi-même ? qui d'autre ? pourquoi ?
- Qui ne désire-t-on pas aujourd'hui décevoir ?

- Est-on prisonnier de normes, de modèles qui ne nous correspondent pas vraiment mais qui sont devenus pour nous un « idéal » ?

C'est en cherchant avec de plus en plus de finesse, dans tout ce qui peut nous empêcher de nous accepter tel que nous sommes avec nos qualités et avec nos limites, que nous ne culpabiliserons plus de ne pas être comme nous l'aurions souhaité… d'autant que, souvent, ce n'est même pas ce que nous désirons au fond de nous-même être vraiment !

Dix derniers conseils

Accepter de culpabiliser !

C'est déjà, paradoxalement, une manière de se libérer de sa culpabilité dans la mesure où c'est reconnaître, selon les cas, sa « faute » ou plutôt son erreur, son droit à l'erreur, en tous cas son droit à être fragile et à ne pas être parfait.

S'accepter tel(le) que l'on est !

Plus on s'accepte avec ses – vraies – forces et faiblesses, moins on culpabilise et plus on est soi-même.

Regardez en face ses erreurs et ses zones d'ombre !

Ce n'est pas parce que nous culpabilisons que nous reconnaissons honnêtement ce que nous devons faire « bouger ».

Oser tenir compte de ses désirs !

Mieux on connaît ses désirs, ses envies, ses besoins, plus on les assume et moins on culpabilise.

Assumer ses choix !

Sauf à faire réellement du tort à autrui, il y a tout à gagner, à plus ou moins long terme, à assumer ses choix au lieu de se comparer aux autres, d'avoir des modèles, des idéaux en tête ou de trop vouloir faire plaisir.

Ne s'en référer qu'à soi-même !

Nous seuls savons au fond, en toute conscience, ce que nous avons à faire en fonction de nos valeurs, de notre éthique, de nos convictions. Évitons donc de nous soumettre systématiquement à une autorité supérieure.

Se donner ses propres autorisations !

Il est essentiel de lever soi-même ses interdits en se donnant les autorisations *ad hoc*.

Ne pas culpabiliser de culpabiliser !

Même quand on culpabilise, le mieux est de le reconnaître, de l'accepter le plus vite et le plus calmement possible. Nous sommes la première « victime » de notre sentiment de culpabilité : il est inutile d'en rajouter en voulant être parfait. L'important est chaque jour de se responsabiliser davantage.

Ne jamais s'enfermer dans la culpabilité !

On est de toute façon obligé d'en sortir un jour.

Savoir ce qui est essentiel pour soi et en prendre la responsabilité !

C'est vraiment et toujours le seul moyen de sortir de ses culpabilités.

À méditer

Accepter de n'être qu'humain

Accepter le négatif et le positif en soi

Accepter d'être soi

Bibliographie

André, Christophe, *Imparfaits, libres et heureux*, Odile Jacob, 2006.

Bensaid, Catherine, *La musique des anges*, Robert Laffont, 2003.

Cardinal, Marie, *Les mots pour le dire*, Grasset, 1976.

Elkaïm, Mony et Glorion, Caroline, *Comment survivre à sa propre famille*, Le Seuil, 2006.

Famery, Sarah, *Savoir et oser dire non*, Eyrolles, 2003.

Famery, Sarah, *Se libérer de ses peurs*, Eyrolles, 2006.

Fanget, Frédéric, *Toujours mieux ! Psychologie du perfectionnisme*, Odile Jacob, 2006.

Giampino, Sylviane, *Les mères qui travaillent sont-elles coupables ?*, Albin Michel, 2000.

Grimbert, Philippe, *Un secret*, LGF, 2006.

Neuburger, Robert, *Les familles qui ont la tête à l'envers*, Odile Jacob 2005.

Regard, Jacques, *Manipulation : ne vous laissez plus faire !*, Eyrolles, 2004.

Sarthou-Lajus, Nathalie, *La culpabilité*, Armand Colin, 2002.

Thalmann, Yves-Alexandre, *Au diable la culpabilité !*, Jouvence, 2005.

Table des matières

Dépôt légal : novembre 2007

Imprimé en France par Aubin Imprimeur : Ligugé - Poitiers (L 71636)

Cet ouvrage est imprimé, pour l'intérieur sur papier Oria blanco satinado de la papeterie Oria, certifié ISO 14001 et pour la couverture sur papier Chromocard de la papeterie Stora, certifié ISO 14001, fabriqués à partir de bois issus des forêts gérées durablement.